所有的逆袭，都是有备而来

晏凌羊 著

Wuhan University Press
武汉大学出版社

图书在版编目（CIP）数据

所有的逆袭，都是有备而来 / 晏凌羊著 . — 武汉 : 武汉大学出版社，2021.1

ISBN 978-7-307-22038-6

Ⅰ . 所… Ⅱ . 晏… Ⅲ . 成功心理—通俗读物 Ⅳ . B848.4-49

中国版本图书馆 CIP 数据核字 (2020) 第 270601 号

责任编辑：黄朝昉　　责任校对：牟 丹　　版式设计：末末美书

出版发行：**武汉大学出版社**（430072 武昌 珞珈山）

（电子邮箱：cbs22@whu.edu.cn 网址：www.wdp.com.cn）

印刷：三河市京兰印务有限公司

开本：880×1230 1/32　　印张：9.5　　字数：210 千字

版次：2021 年 1 月第 1 版　　2021 年 1 月第 1 次印刷

ISBN 978-7-307-22038-6　　定价：42.00 元

自序

我的“自觉”与“奋斗”

（一）

每个人都有或多或少的奋斗史、自觉史，它大多从苦难和危机感中诞生。

回望过去，我也难忘自己走过的那些磨折坎坷、颠沛流离。

我的“奋斗史”说起来很简单：一个农村出生的、资质平平的姑娘，一路跌跌撞撞地长大，赤手空拳来到城市里，能扎根就扎下来，扎不了就只能回到农村去，回到原先的阶层去。我一直努力、一路奋斗，似乎就是为了逃离那些糟糕的境况，远离那个糟糕的自己。

长到三十几岁，我发现人生的每个阶段，激励我奋斗的东西还真是不一样。

小学时代，是对欺负、折辱我爸妈的村民以及霸凌我的小学同学的“仇恨”，支撑着我一定要考上县城的初中，彻底远离他们。像是背水一战的鲤鱼一样，我积攒所有的能量和力气只是为了那“龙门一跃”，那唯一可能会改变我命运的奋力一跃。

到了初中时候，激励我奋斗的是：父母挣钱供我读书太不容易了，我不该浪费读书的机会。

也是初中时代，我第一次感受到了什么是“贫穷让我自律”。

《泰坦尼克号》上映，电影票五块钱一张，我觉得太贵了，舍不得去看。我们学校门口有好多录像店，交一块钱门票可以看一场录像，交三块钱就可以看通宵，我是真想去看，但我舍不得花那个钱。

班里热衷于追星的同学，学习成绩普遍较差，有的还早恋。潜意识里，我觉得这些东西会“毒害”我的心灵，沉迷这些东西会让我“玩物丧志”，故而对流行文化和早恋敬而远之。

和我同样家庭条件的同学，一个月花掉家里两三百块钱，而我只花家里五十块。有几回，我拿了八十块钱的奖学金，还能一分不花地带回家交给父母。

我那时就是个不折不扣的“书呆子”，人生只有一个目标：考第一。

现在想来，那会儿我可真懂事啊，做事情也够专注，老师们给我一个评价：坐得住。

小学、初中阶段，学习难度并不大，只要你“坐得住，不分心”，学习成绩就很难变差。

我上初中的时候，中专的录取分数线比高中要稍高一些。大家普遍认为，高中是那些考不上中专的学生“退而求其次”的选择。

那个年代，上中专是最把稳的一条路。去了卫校，毕业后就可以进医院当护士。进了师范学校，毕业后就可以去当老师。去了财校，毕业后就可以去事业单位做财务……而上高中这条路就风险大多了：一旦考不上大学，高中毕业生在就业市场上远不如中专生有竞争力。

如果不是受我一个发小的哥哥的影响，我可能也会随大流去考中专。

我跟发小从小就玩得好，每次去她家里玩，我总能遇到她那个常年躲在房间里看书的哥哥。她哥哥比我高一个年级，从小是个学霸，是我学习的榜样。我上初三那一年，他已经上了高中，对外称他将来要考大学。

从他身上，我第一次感受到了“大学”的某种光芒和魅力，不再觉得这两个字离我特别遥远。当我看到那些上了中专的哥哥姐姐们一放假回到家，就忙着吃喝玩乐、搞聚会、织毛衣、谈恋爱，只有上了高中的发小哥哥把自己关在房间里埋头苦读的时候，我就确立了新的志向：我要和他一样，上高中，然后考大学。

现在想来，是那种“享受学习”“争取上进”而不是“忙于享受”“好逸恶劳”的心理，驱动着我选择了高中而不是中专。

中考后，我以全县前五、全镇第一的成绩考入了市重点中学。

上了高中，考大学成为了我生命中“只能成功，不能失败”的一件事。我真的是从人生战略高度去认识这件事的。“回家当农民”对我而言是极其恐怖的结局，除了往前冲，我别无选择。

真怨不得我只有这点志向，因为对于一个农家孩子而言，高考是唯一能改变我们命运的机会。这里的“唯一”，说的并不是“只有这条路可走”，而是：根本没有更好的选择。通过高考改变命运，对我们来说是成本最低的一条路。

那时候，我的班主任老师、语文老师经常会跟我们读一些已经考上了大学的师兄、师姐们写来的信。这些信的内容，与课程无关，与考试无关，却大大鼓舞了我们。我们听着师兄、师姐们在信里讲在北京、上海上大学的趣闻，内心里对大学充满了向往和憧憬。我想着：只要我“考上了”，命运就会对我敞开一扇大门，一切都会好起来的。

大周末的，同学们都跑去古城、山上玩。看他们吃喝玩乐，我也心痒痒的，但一想到我这么一玩，可能就要落后于人了，我就强压住想玩的心，逼着自己去自习室看书。

高中是痛苦但快乐着的三年，我的生活单调得只剩下“学习”这一件事，周末都泡在自习室里，放假回家也自觉地温习功课到晚上十一二点。

就这样，我考上了大学。大学期间靠勤工俭学和助学贷款完成学业，没花家里一分钱。

（二）

上了大学，大家好像都失去了战略目标，迷茫、郁闷成为了我们那一代大学生共同的生活主题词。

我也陷入了“我是谁，我从何处来，要到哪里去”的哲学思考，也尝试着练习恋爱。

对整个世界、对自己、对异性、对爱情产生困惑时咋办啊？去书里寻找答案啊。

这时候，贫穷再一次让我自律。

北京大冬天的很冷啊，我能去哪儿呢？去图书馆，因为那里有暖气。大夏天很热啊，能去哪儿呢？还是去图书馆，因为那儿有空调。

对于一个连生活费都要靠国家助学贷款维持的穷大学生而言，真的再找不到比图书馆“性价比”更高的去处了。去学校外面玩？不行的，每走出去一步都得花钱，而我根本没钱。

就这样，在大学里，我保持了每周从图书馆借阅五本书的频率，把各类文史哲的书看了个遍。

如今我之所以能够保持持续创作，也是那会儿广泛涉猎、勤于思考打下的基础。现在想来，在能专心致志读书、学习的阶段，多读点（好）书、多学点知识是很有必要的。人的一生中，能系统性地读书、学习文化知识的时间和机会，委实不多。参加工作后，到了“上有老，下有小”的年纪，我们哪能抽出那么多时间去看书？即使有，大多数时候也是看过就忘。

好不容易混到大四，我的奋斗目标变成了：找工作。我当时也想过要考研来着，但一想到我再读三年书，家里就更贫困了，我弟弟说不定就此辍学，我还是决定先就业。

“毕业不能失业”“不能回家当农民”“不能让父母养我”，是压在我头上的“三座大山”，也是我的“三大底线”。家贫如洗，兜里只有两千块钱求职费，身上还欠了一屁股国家助学贷款，我压力大啊。

人们都说“东西南北中，发财到广东”，我听说广东薪资水平高，排外氛围不浓厚，就跑广东来了。我和几个同学一起住进了广州的城中村，一间十平方米的房子，租金两百块一月。

在深圳，我还住过那种“房中房”。一套房隔成好几个隔间，每个隔间只有三五平方米，只够放下一张床。一套房子大概能住十几个人，大家共用一个阳台、一个洗澡间、一个厨房。

回想起来，真是恍若隔世。

当年我找工作，一直不大顺利，总是“高不成，低不就”的。细究起来，我觉得原因有二：一是那时候我不大成熟、不够优秀又不善言辞；二是学校的名头不够响亮。

母校属提前录取批院校，招生数量太少，在北京都没啥知名度，在广东就更没几个人知道。见多识广的企业高管们倒是有知道母校名头的，可负责招聘收简历的，大多是连北京都没去过的小员工。我去投递简历，还有人认为我是民办院校毕业的。

我那时真的是很不屑于拿“高考状元”的头衔去忽悠人，因为我觉得那已经属于过去。都说“好汉不提当年勇”，我也没太把它当回事。可是，当找工作屡屡碰壁时，我不得不改变策略。我开始在简历上都注明了我是哪一年毕业的“高考状元”，结果，就这么一改，我找工作顿时就变顺利多了。

最后，我误打误撞进入一家金融机构工作。

（三）

参加工作后的半年，我拿到了人生中第一笔年终奖，不过是一万来块钱，却把我乐坏了。从小到大，我从来没有见过那么多钱。

接下来，我的奋斗目标改成了：偿还国家助学贷款。

参加工作一年多以后，我的助学贷款差不多还完了，我弟也从高中毕业了。

我爸妈问我，你弟考得不大好，还让不让他读大学啊？

我说，读啊，肯定得读啊，学费让他贷款，生活费我来。

也得亏当时做了这个决定，我们全家才能在往后的日子里互相扶持着走出了贫困的泥潭。也是这件事让我意识到，一个对社会有责任感的人，不一定要行侠仗义、兼济天下，把自己的家人照顾好，不让他们成为贫困人口，就是在为社会做贡献。

参加工作几年，我到适婚年龄了。我那时没啥远大的奋斗目标，过生日许的愿也不过就是“希望男友一辈子宠我、爱我”。老天一听这个愿望，大概是觉得不靠谱，朝我摆了摆手，摇了摇头。

那段爱情故事，讲起来其实特别俗套：一个从小没在温室里待过的姑娘，一路像野草一般野蛮生长，突然遇到一棵可以依赖的树，瞬时就腰杆子变软了，变成一根藤蔓。恋爱失败，她又重新把自己站成了一棵树。

好在，那些年我恋爱谈得磕磕碰碰，却从来没有对工作懈怠过，从来没让银行卡余额“负增长”过。反正，不该爱的人，确实没爱成，但该学的东西、该增长的技能一样没落下。

恋爱失败之后，我的奋斗目标变成了买房。

我是在房价涨了几轮后才上的“车”。我掏空所有积蓄，又借了些钱，终于在 25 岁那年拥有了人生第一套小房子。

再之后，我认识了前夫，那是另一段旅程的开始。

我是狮子座女生，自主性和领土意识都特别强。“别人的地盘我不撒野，但自己的地盘要自己做主”，已经成了我自己的行事风格。在别人没侵犯到我的领地之前，我随和、温顺得像只大猫；但若是别人侵犯到我的领地，我会秒变“母老虎”。前夫特别懂得尊重我的领地，这点和我之前相处过的男生很不一样。谈了几个月的恋爱，我觉得他人还不错，就嫁了。

三年的时间里，我们结婚、生子、离婚，每一年我们都“出了事儿”，而且是大事儿。

离婚后，我也心碎、痛苦、难过啊，一想到那个混蛋欺我瞒我、连我生孩子当天都要跑去出差，我恨他恨得咬牙切齿，但是，狮子座姑娘再狼狈也要保持风度，我不得不看在孩子面上假装啥事儿没有，表现出云淡风轻、无所畏惧的模样。

外表若无其事，内心却在滴血怎么办？我就疯狂地写，不停地写。写出来一点，心灵的伤口也就痊愈一点点。某一天，我写的文章被一个图书编辑看到了，于是，我一不小心出了书，成了畅销书作者和小有名气的自媒体人。

到现在，再提及跟孩子她爸那段往事，我能把它讲成相声、演成小品，像在讲述别人的故事，丝毫不觉得心伤。是啊，时过境迁，谁还会老盯着“谁对不起谁”那点破事儿不放？

人到中年，生活泥沙俱下、混沌喧嚣。时间有限，我们得集中精力去对抗生活的洪流。谁爱过谁，谁又负了谁，早不重要了。每年孩子过生日的时候，我和前夫还会聚在一起吃顿饭，像一对“合伙育儿”的老朋友。

离婚后第五年，我辞职创业，当上了女老板，换条跑道重新出发。工作十几年来的积累，在我实现职业转型后，都能派上用场。

一转眼，就走到现在了。

现在，激励我奋斗的东西是什么呢？我反而不知道该怎么回答。

为了更好的生活？为了争一口气？为了家人？为了梦想？为了证明和实现自我的价值？

好像我的确是为了这些，但又好像不是，只是有些东西跟了我那么多年，已内化为一种习惯。

坦白讲，我算不上是一个成功、励志的人，因为我吃过很多苦头，走过很多弯路，甚至都没有世俗意义上圆满的婚姻，也不确定将来会达成怎样的成就、达到怎样的高度。

我曾经处于社会最底层，曾经很窝囊过，曾经在命运面前显得迷茫而困惑，横冲直撞，无所适从。好在，最终我还是跳脱出了那样浑浑噩噩的状态。我很感恩过去那些经历，也喜欢现在这个更强大、更快乐、更自由的自己。

这一路跌跌撞撞地走来啊，好像每一步都只能靠自己，而我自己也学到了一点，那就是：每个人，尤其是女人，要学会对自己的人生和命运负起全责，永远不要有“等、靠、要”的思想，要做一个自己人生困局的破题人、突破者、实干家。

众生皆苦，但我们要把自己活成一棵努力向上生长的树。

目录

第一章···逆袭没有捷径

第二章···改变认知方式，走向逆袭之路

第三章 · · · 每个想要逆袭的人都会得到命运的善待

第四章 · · · 从“灰姑娘”到“王后”的逆袭

第一章

逆袭没有捷径

做你真正热爱的事情，永远都不算晚

（一）

我从小有一个羞于启齿的梦想：当作家。

我之所以觉得这个梦想羞于启齿，是因为它像一轮高高挂在天上的月亮，而我的能力仅仅有“月光下某棵树”那么高。

我所理解的作家，是写作风格自成一派且作品有思想、有深度、经得起几世流传的那类“笔耕者”，不是现在那种出了两本书就被包装成“作家”的写作者。因此，即使到了现在，哪怕我已经出版了七八本书，我依然觉得自己只是一个跋涉在追梦路上的“苦行僧”。

“作家梦”虽然离我还很遥远，但我承认，我是个热爱文学也有点写作天赋的人。

上小学一年级时，我们学的都是汉语拼音，我一看到那些音节，就头疼得要死。每次一考拼音，我准拿全班倒数第一，还差点留级。

我外公是三十年代生的人，他见我苦恼，就劝我说："学不会拼音没关系啊，你看我们这代人从来都没学过什么汉语拼音，不也能认得那么多字？"

到了小学二年级，我们开始学汉字。我记得我们学的第一篇课文是王安石写的《梅花》。我盯着"墙角数枝梅，凌寒独自开。遥知不是雪，为有暗香来"这二十个字，竟越看越欢喜，心想世界上怎么可以有这么优美的文字啊，仅仅二十个字就能把一幅雪中梅的图景给勾勒出来了，还写得有画面、有温度、有色彩、有味道、有感觉、有惊喜。

上小学三年级，我们开始学写作文，我那点写作天赋便逐渐发挥出来了。当我的作文被语文老师当作范文读给全班同学听的时候，我高兴坏了。当作家的"梦想种子"，大概也就是那时种在我心里的。

那会儿，除了语文课本之外，我们还有一本《读物》可以看。《读物》里面收录了很多故事，我一翻开就爱不释手，看完了还觉得不过瘾，索性把高年级的语文课本和《读物》都借来看了，虽然还有很多字不认识。

识字量增加以后，我像是得了“读书饥渴症”，到处找书看。只可惜在物质匮乏的年代，我上哪儿去找那么多书满足我的胃口啊，我只能把家里贴在墙上的、已发黄的《人民日报》看了个遍，甚至连街头标语、药品说明书都不放过。

我真的太爱阅读了，总觉得文字有一种难以言明的超现实魔力，为我构筑出了一个无比斑斓、壮丽、深远、宏大的世界。

上了初中，我去了县城。学校虽然有图书室，但没有专人管理，很少向学生开放，开放了也常常借不到书。县城图书馆离学校比较远，还需要借阅费。对于当时穷得叮当响、连吃饭钱都快拿不出来的我而言，这实在是一笔无法负担的消费。

当然，可以免费看书的地方，还有书店。我们整个县城就那么一家书店，离学校挺近。我常常利用午休的时间跑去那里看书，什么书都看，腿站麻了就蹲下，蹲麻了就捧着书边看边走动。有时候看入迷了，不小心错过了上课的时间，回去晚了，还会因为迟到而被罚站。

进入高中，学校图书馆的藏书倒是丰富，可学习压力大到人喘不过气来。在“大学梦”的诱惑下，我的“文学梦”暂时被搁置。但是每次寒暑假，我都不忘记借几本书回家看。虽然每次放假回家，我都得帮着干农活，还有堆积如山的寒暑假作业要做，但我还是要腾出看书的时间。

就这样，整个高中时代我看了很多名著，比如《呼啸山庄》《双城记》《雾都孤儿》《简·爱》《基督山伯爵》《包法利夫人》《约翰·克里斯朵夫》《红与黑》《唐·吉诃德》《巴黎圣母院》，等等，还看了很多人物传记，对那些名人佩服得五体投地。

现在想来，我还要感谢那会儿我家经济困难，买不起电视，也支付不起我去电影院、录像厅、游戏厅的花销。少年时代的我们，普遍自控力差，若有更能吸引我们注意力、消磨时间的娱乐方式，我说不定也很难静下心来看书。

大量阅读和阅历积累是写作的基础，因此，爱看书的孩子写作能力都不会太差。初高中时，我的作文经常得高分，还被当成范文。奇怪的是，我写的命题作文水平远不如自主发挥写的作文好。

某个暑假，语文老师布置了“写三篇作文”的作业，临到开学，我竟交了整整一本作文给他。语文老师惊讶不已，给我写了满满一页纸的评语，并鼓励我说“别人写的作文是生憋出来的，而你就是有话想说，有情绪、观点想表达。你若能坚持下去，将来一定可以成为一个作家”。

那一页评语，现在看来像是我生命航线中的某盏灯塔。

（二）

上大学时，我把等录取通知书那段时间写的青春小说带去学校，让同学们当我的第一批读者。那本青春小说，我搬家搬了十几次依然妥妥收藏着，也算是我自恋的一个证据。

学校图书馆每年都会举办一次读者联谊会，馆长每年都会给借书数量最多的前二十名读者送些小礼品，我几乎每年都榜上有名。

每读一本书，我都会认真做读书笔记。几年下来，我竟写满了二十多本笔记本。除此之外，我还经常跑去新闻系、中文系听课，有时候甚至为了听一个文学讲座，跑去十几公里甚至几十公里之外的现代文学馆、国家图书馆和北大、清华、人大、北师大……

书读得多了，我开始忍不住想写。如果说学生时代是为了应付作文考试而写，那大学时代我就是单纯想用文字表达自己了。

为了写一篇小小说，宿舍熄灯后我会搬个小凳子坐在走廊上，借着走廊的灯光写到凌晨三四点钟，再向同学借电脑，把稿纸上的文字输入电脑，再四处发邮件投稿。

我没受过任何写作培训，又不想模仿报刊上已经发表的那些文章的套路，只是凭感觉写，写出来的文字难免真诚有余但技巧性不足。或许是我才情有限，或许是不懂套路，我投出去的稿件经常“石沉大海”。

我也参加过一些征文比赛，拿到过一些奖项，但都算不上令人瞩目。比如，我参加过大学“校园十大手笔”的评选，看到某位评委老师居然把我写的那篇文章列为第一名的时候，我激动得浑身发抖。

只是，相比那时候“热到烫手”的同龄人韩寒，我觉得自己的写作水平实在太小儿科了。我安慰自己：没有作品发表或没有得奖没关系，我只是单纯地爱用文字表达情感，能表达出来就已经是乐事了。

参加大学英语六级考试，第二天就要考试了，可头天晚上我光顾着写小说，一提笔就停不下来，写到凌晨三点，压根儿忘记了考试这回事儿，第二天差点没去参考。

在大学里，我拿到了第一笔稿费，一共三十元。拿到钱的那一刻，我飘飘然感觉自己就像个大作家。

网络时代来临后，我开始混迹于论坛、博客、微博、微信公众号，天天写，一日都不停歇。写着写着，就聚拢来一批读者。

有时候我想，是什么让我有这么旺盛的文字表达欲呢？都说“止语才能成文”，大概是因为生活中我不是一个“话痨”吧。

写作说到底是一种表达欲、一种求认同欲。我相信写作真的有“找到同类”的这种功能，我们真的能从另外一个人的文字中找到共鸣、找到安慰、找到理解。

年少的时候，我爱阅读，是被书中展现的世界所吸引。我现在喜欢写作，是因为我想构筑一个专属于自己的精神世界。生活中遇到不顺的时候，阅读是一种排遣，写作则是宣泄和疗愈。

大学时代，我也不是没有对文学和写作产生过怀疑。

看的书越多，我就越感觉自己浅薄，越觉得自己懂得太少。有一阵子，我不敢再写一个字，是因为站在牛人面前，我觉得自己渺小如尘、不配提笔。

我也一度为自己的文字没什么文采而感到深深苦恼，羡慕那些口吐珠玑、笔底生花的作者。再回头看看自己写的东西，好像仅仅能达到文笔流畅、能把话说明白、读着不卡顿而已。

再后来，我就慢慢释然了。写作是一种沟通，沟通的目的不是为了炫技，而是要让别人能看明白你在说什么。如果能用平实的语言掰扯清楚一个道理，未尝不是一条妙路子。

（三）

大学毕业，我一门心思只想做跟文字打交道的工作，不断应聘编辑、记者之类的职业，却都没成功。阴差阳错地，我先是去做了法务工作，最后又弄拙成巧地成了品牌宣传骨干。

工作忙起来以后，我很少能拿出一整块的时间写文章，但每天都坚持碎片化写作。每次遇到一件特别的事情，我会记录下来；想到一个观点、一句“金句”，我也会记录下来。我们都知道，灵感这玩意儿转瞬即逝，你最有表达欲的时候没能把所思所想记录下来，过了那阵子以后，就再也没法将那些奇思妙想变成文字了。就这么日积月累下来，“碎片化写作”就成了一笔无形的、随时可以取用的巨大财富。

我就这么孜孜不倦地写着，写完了就发到网上，哪怕一开始根本就没有人给我鼓掌。

慢慢地，有人注意到了我的文章。某天，我用一个中午的时间随手写了一篇批评女利主义的文章，结果，那篇文章在短短 24 小时内阅读量突破 170 万。随后，陆陆续续有几家图书公司和出版社找到我，邀请我出书。

又有一天，我几年前写的一篇关于离婚的文章忽然火了起来，文章被各大平台转载后，阅读量突破了千万。我的公众号开始积累了一些粉丝，我和我的文章开始被越来越多的人关注。

很多人因为我的文字认识我，但他们不知道的是，我已经在“无功利写作”这条路上跋涉了十几年。过去那些年，我经历过很多灰暗的、难熬的时光，一度以为我可能再也等不来曙光。

刚开始我在自媒体上写文章的时候，只有几十个粉丝，后来变成了几百个、几千个。那时，我本职工作特别忙，我牺牲锻炼、陪孩子的时间写三篇文章，得到的打赏金额可能只有几十元。这点报酬，完全抵消不了我因为写文章而落下“病根”再跑去医院治疗的花销。这么多年，我真的是一直在坚持做一件自己热爱但根本不赚钱的事情。

开始专职写作后，我因为长期伏案打字，导致双肘磨出了茧子。这种体验，确实很辛苦，但一旦你将灵感流到笔端、化为文字，你就能感受到切切实实的快乐。原来，我们在做自己真正热爱的事情时，是真的能体会到“时间静止”这种感觉的。

我喜欢阅读、喜欢写作，这近乎一种本能，是发自内心的热爱、源于骨子里的相信。

这些年来，我一直被人称作“文艺青年”。身处一个把“诗人”等同于“神经病”的年代，对这一称呼我倒是能接受。我常笑着回应说，在当下中国，文学是最便宜的爱好啦。

的确，阅读和写作是所有文艺门类里门槛最低的，不需要你生就一副好嗓子，不需要你腰肢柔软、动作灵活，不需要你买昂贵的钢琴、华丽的服饰……你唯一需要做的，是热爱文字和文字为你构筑的世界，坚持用文字来表达自己，并以此对抗光阴的流逝和人生的虚无。

不可否认，写作是一件非常辛苦的事情，挑灯夜战，殚精竭虑，其中的寂寞和无奈只有作者自知。这是一项几乎没有金钱成本的爱好，但它却有着极其恐怖的时间成本和无法计量的脑力成本，没有点天赋、热爱、勤奋、毅力，很难坚持下来。

我一直认为，天赋决定了一个人是只会爬，还是能走、能跑，甚至能不能飞；而勤奋和运气则决定了一个人能爬多远、走多久、飞多高。

越往后，我越是有点后悔年轻时没有再多学点东西、多努力一些。虽然比起同龄人我已经够努力的了，但现在到了“上有老，下有小”的年纪，时间完全不够用，体力、精力明显不济，我还是为自己曾经浪费过的时光感到惋惜。

我终于发现：不管是学习还是工作上的努力，都一直是“为我自己做的”。每多一次经历，每多学一点知识、一个技能，最后都会沉淀在自己的生命中，说不定什么时候就能用上。

每个人都期待自己能在舞台上惊艳亮相，但真正决定你是否一鸣惊人的不是机会，而是机会来临前的那些准备工作。我们可以很努力，但请一定不要太过着急。先挖好沟渠、建牢堤坝，“活水”才会朝你流过来，来了你才“接得住”。

现在，我挺害怕回答年轻人提出的“可不可以分享下你的速成技巧、成功经验”之类的问题。倒不是不愿意分享，而是我觉得很多经验没法复制，很多事情无法速成。

技艺方面的经验，确实可以传授。比如说，如何做手工，如何做蛋糕，去哪里旅游时需要注意些什么，如何开车甚至开飞机……但与成功和幸福有关的东西，如何传授经验呢？

很多事情，别人在那个时机做了，可能会成功；你照搬经验，却很可能面临失败。它是需要机缘的，甚至没有任何套路可遵循。如果有，这个套路的名字就叫“努力”，你要不停去摸索，去试错，去等待，去追寻。

问一万个人，找一万个人去取经，还不如自己踏踏实实去做一遍。

不要想着“速成”，不要想着“一夜爆红”“一鸣惊人”，要带着“但行好事，莫问前程”的心态去追逐梦想。

也不要轻易放弃。梦想就是那天上高高挂着的月亮，我们千万不要为了忙着捡地上的“六便士”而不再抬头看天。如果你放弃了梦想，或许它就真的没有实现的可能了。做你真正热爱的事情，什么时候开始都不算晚。也许，某一天，你也能像我一般，沐浴到月亮的清辉，能在月光的照耀下开启新的旅程。

请行动起来吧，就现在！

抓住每一次变革的风口，你就有机会实现逆袭

（一）

前段时间，和几个学生家长坐在一起闲聊，听她们说起去参加孩子家长会的情况。她们的孩子比我的大几岁，大多已经上了中学。

一个家长忽然说了一句：“我发现那些中学里的学霸，几乎清一色长得挺好看，家境也特别好。”听到这话，其他几个家长都愣了一下，随后猛点头：“你不说我还真没发觉，你这一说我发现还真是。”

有个家长这样说：“家境好一点的学生，他们的爸比较有能力、能赚钱，就能找到长得漂亮一点的老婆。这样的结合，也是一个基因改造工程，大概率上会生出长得好看一点的孩子。”

讨论仍在继续：“家境好的家庭，比较重视教育，舍得在孩子

身上下血本，不管是金钱上的还是时间上的、精力上的，所以，孩子的学习自然就会好。”

另一个家长附和：“我记得我们小的时候，身边那些家境好一点的孩子，基本上是很叛逆很让老师头疼的。老师最喜欢的学生，是那些家境一般甚至贫寒但特别努力、懂事的孩子，‘穷人的孩子早当家’被当成一种先进典型在宣传。可是二十几年过去了，这部分孩子像是消失了一样。”

这话听来有点绝对，但这种现象确实是“马太效应”在生活中的一个体现。

“马太效应”这个词最早来源于圣经《新约・马太福音》中的一则寓言。寓言里的国王说:“凡是少的,就连他所有的,也要夺过来。凡是多的，还要给他，叫他多多益善。”

1969 年，美国科学史研究者罗伯特・莫顿把“好的愈好，坏的愈坏，多的越多，少的越少”的现象，命名为“马太效应”。

中国古代哲学家老子也提出过类似的思想：“天之道，损有余而补不足。人之道则不然，损不足以奉有余。”这里的“损不足以奉有余”，说的正是强者越强、弱者越弱的“马太效应”，说白了就是：赢家通吃。

人类社会确实存在“赢家通吃”的现象。

我们举个最简单的例子。过去十五年，中国最赚钱的行业是房地产。你买房与否、买得早还是买得晚，产生的差距能分出两个阶层来。假设两个人都有胆识和投资眼光，但是，一个父母有钱，一个父母一分钱也支援不了。父母有钱的，拿了父母的钱早早在市中心买下一套房子；父母没钱的，需要奋斗好几年才能凑齐首付。然而，当后者凑齐首付以后，发现房价已经涨得快够不着了。而那些拿着父母的钱买了房子的人，在原来的房子里住上几年后发现住着不够爽，就开始倒腾换房子。这一倒腾，房子越买越大，越卖越贵，越卖越好，越买越多。

（二）

北京大学教育学院副教授刘云杉曾经统计过 1978 年—2005 年北大学生的家庭出身，然后得出以下发现：

1. 20 世纪 80 年代中后期是农家子弟用知识改变命运的黄金时代，三成以上的北大学子出自寒门；

2. 20 世纪 90 年代中期农家子弟的比例开始下滑；

3. 2000 年之后，考上北大的农村子弟仅占一成多。

也就是说，寒门子弟能挤入名校的，越来越少。

20 世纪 80 年代确实是农家子弟用知识改变命运的黄金年代，如今大家耳熟能详的几位行业大佬，比如刘强东、俞敏洪、李彦宏等都出自寒门。

高考 1977 年恢复，随后我们迎来风起云涌的改革开放。改革开放前三十年，让很多人翻了身。一批上过大学的天之骄子，也在这三十年里成长为社会精英。

那时候，我国大学并没有扩招，上大学是需要门槛的。大学生毕业后，是市场上的稀有人才，能得到与其学历相符的经济地位和社会地位。

2000 年前后，我国大学扩招，千军万马过独木桥的情况得到缓解，但也带来了一个问题：底层民众想通过读书实现“鲤鱼跳龙门”变得越来越难了。

原来，寒门子弟通过努力学习就有机会改变自己的命运，但大学扩招后，一些学业平庸的精英子弟也能轻易考取大学，然后凭借大学的招牌以及家人的人脉资源进入好的单位工作。而寒门学子呢？哪怕毕业于名牌大学，如果没有门子和路子，则需要付出比他们多不知道多少倍的努力，才能和他们坐在一起喝咖啡。

权威期刊《中国社会科学》于2012年刊登了一篇研究报告《无声的革命：北京大学与苏州大学学生社会来源研究（1952—2002）》。报告通过研究50年的数据，得出了一个让全社会哗然的结论：20世纪90年代后，考上北大的精英子弟比例快速攀升，这些社会精英只占全社会人口的1.7%，却有40%的北大学生诞生于这样的精英家庭。

越往后，“精英扎堆进名校，寒门再难出状元”的情况就越普遍。

于是，有很多人开始喊：“阶层已经固化了，你再努力也没有用了。”

问题是，普通人能感知到的阶层固化，并不是某个国家、某个时代所特有的。人类社会自出现以来，这个问题就一直存在。

社会的“阶层固化”可以被打破吗？答案是，当然可以！

事实上，从古至今，打破阶层壁垒的通道一直是敞开的，只是途径变了，游戏规则变了而已。当新的途径、新的风口出现的时候，绝大多数普通人感知不到。

能让普通人实现逆袭的“风口”都是一阵一阵的。比如工业革命，比如科技革命，比如改革开放，比如房地产业黄金十五年，比如人口红利期，比如“互联网+”。

2004—2005 年房地产价格直线拉升，对机会敏感的人嗅到了钱的味道，他们砸锅卖铁付首付炒房，富了。当时，也有很多人坚信房地产市场泡沫太大，甚至想看那些买房的人到时候被套牢的笑话，结果呢？当初“砸锅卖铁”的那些人坐拥千万资产，一直观望的人则“砸锅卖铁”都再难凑齐首付。

2006—2007 年，中国股市迎来了最大的牛市，我有朋友因为那一次大牛市，实现了财务自由。2009 年新浪微博开始内测，最早加入微博、懂得运营自己的人如今已变成了大 V。

2010 年初，黄金突然大涨，许多人从头到尾就没有关注过黄金的走势，抢购最多的竟然是“中国大妈”，之后两年内黄金价格巨幅攀升。我也有朋友在这一轮黄金牛市中，靠帮客户操盘赚了个盆满钵满。

再之后，微信公众平台、小视频等自媒体风靡，一大波“网红”横空出世，他们的吸金能力让人赞叹。

不得不说，这世界变幻得比走马灯还要快。

“共享经济”风靡全国，连猫这样的宠物我们都可以去租养，而原先在街头巷尾吆喝的剃头匠、修鞋匠难觅踪影，自行车修理店也快绝迹了。

某些景区、收费站实施全网络售票和电子支付，很多收费员已经下岗。如今，我们不带钱包和银行卡，拿着手机就可以走遍天下，而这是十年前完全想不到的事。

未来会是什么样子呢？到那时候，地球上也许机器人遍地，人类去哪儿都可以享受到智能化的服务。你寒窗苦读几十年掌握的知识，不如科学家给机器人植入的一个芯片。

将来世界会变成什么样子呢？会有多少人在这个过程中抓住机会发了财、成了名，又有多少人一脸茫然地看着变化，笨拙、迟疑地适应着时代的变迁？

每个时代，都有人乘风起飞；也有人因为看错了风口，被时代无情地碾压。大多数人是普通人，生活在城市或乡村的犄角旮旯里，数十年如一日地赚着辛苦钱，而在不远处的一场大变革中，他们或将成为产业升级的“牺牲品”，为时代所抛弃。

任何一个行业，从起到兴再到衰，都有一个过程。起兴阶段，到处是松软的土壤，你播个种子下去就能成活；衰落阶段，就变水泥了，“种子”想要成长为大树的可能性变小。起兴阶段，你抓住了机会，可能就实现逆袭了；抓不住，也就只能平庸下去了。

如今，人们讲得最多的是风口，可到底什么才是风呢？风是从哪儿来的呢？

无数个个体扇动翅膀，形成“蝴蝶效应”，最后形成了风。这股风，又影响了身处其中的每一个人。刚巧站到风口上的人，就飞了起来。没发现风口或是没站稳的，就被刮落了。

社会是“迭代”发展的，一次迭代就会产生一个风口。以前几十年、十几年就吹来一阵风，对财富进行一轮新的洗牌，而现在只需要几年。这就为普通人打破阶层固化提供了一个崭新的途径。

变革每天都在发生，风永远在吹，风口永远存在。每一次变革，都会产生无数“陪跑者”，也会催生无数弄潮儿。只要社会还在发展着，变革着，那些敢于拼搏和努力的人，就不会没有机会实现逆袭。

也正是因为阶层固化在绝大多数时代、国家都存在，正是因为每隔一段时间就会出现几个风口，所以，“人穷怪社会”这种思想才最要不得。

如果说，阶层是平台，那么，你的努力便决定了你站在这个平台上的高度。就像是一棵树，你没法决定自己生长在海拔几十米的平原上还是几千米的高山上，但你完全可以决定自己在平原或高山上长一米高还是十几米高。何况，如果有大风吹来，你还可以让你的果实顺风起飞，飞到更高的地方去扎根。

不管阶层固化有多严重，我们还是能看到有一些人通过自己的努力，改变了自己乃至整个家族的命运。还有很多人，经过一代又一代人的积累和努力，最终在某一代人那里实现了阶层的质的飞跃。

（三）

前几天，我爸忽然跟我说，他小时候有过一个玩伴，现在也该有六十几岁了。他女儿跟我差不多年纪，现在在香港工作，年薪大概几百万港币。

我伸了伸舌头，然后问他：“她爸爸是干吗的？”

我爸指了指他手里拿的报纸，对我神秘一笑，我瞬时明白了。

我说：“那不得了，人家起点比我高那么多。如果你不是个老农民，说不定我也能有这样的成就。你要跟那些和我差不多起点的人去比，才会觉得欣慰。”

也是前段时间，老家的一个邻居给我爸爸打电话说：“你女儿真是成器，能带着你去国外旅游，而我连飞机都没见过。我养的孩子，一个都没出息。”

我在一旁听着，很想回复这个大伯：“为了能让我们通过读书改变命运，小时候我爸长年累月在外打工挣钱，而当年的你天天在打麻将。我爸借钱也要让我们去读书，而你手头有点余钱以后，第一件事情就是建房子，第二件事情是让孩子辍学，帮你建房子。”

我坐在沙发上没说话，但思绪却飘到了我上初高中的时候。那时，我家里穷得叮当响，我每天都在担心自己会不会辍学。

最早的时候，我家住在低矮的土屋里，一共只有三个小房间。左边是厨房，中间是只放得下两张床的卧室，右边是猪圈。不管是吃饭、睡觉还是写作业，我都能听到隔壁的猪哼哼唧唧的声音，闻得到它们身上发出的臭味以及排泄物的味道。

后来，我们家终于建新房子了，但房子建到一半，没钱了。我们家依然只有三间房，中间是厨房，两边是卧室，只是不需要再跟家畜们住在一起。三个房间都没有建好窗户，窗户的位置上只是用了几根长木头钉起来。为了透光，我爸妈在那些木头上面钉了一大块塑料布。

一到夏天，塑料布经太阳一晒，家里热得像蒸笼。到了冬天，北风呼呼吹，塑料布迎风飞扬，哗哗作响，响到天亮。

我家真是没有钱弄窗户吗？不是的，是我父母把所有的钱拿来给我们上学，就没钱买窗户玻璃了。

我就是从那样一个破房子里，一步步走到了今天。

或许正是因为有过这些经历，我常常在想：不管这世界多么不公平，它还是给勤奋、肯干的人留了一条路的。

怪罪社会、怪罪出身，终究是弱者心态。

如果那些比你起点高、比你出身好、比你负担轻的人依然比你努力，那么，起点低、出身差的你如果再不努力，不就更无路可走了吗？

我们不能因为别人开着“超跑”和光脚的你赛跑，就丧失信心、退出比赛。

勇敢跑出去，也许你还能赢得一双鞋；坚持不懈跑下去，再过一阵可能会赢得一辆自行车；跑到终点，有可能会为你的下一代赢得一辆小汽车。

毕竟，像我这样出身的底层农村娃，都能凭借着自己的努力，在一线城市扎根下来并生活得还好。我相信，只要有梦想、肯努力、愿奋斗，我们还是有机会活得精彩的。

阶层固化在哪个社会、哪个时代都存在，但打破阶层固化的方式和渠道也在不断变化，寒门贵子往上走的路一直都有，只是看你能不能靠智慧、靠拼搏找到它，然后走上去。

看到别人因为赶上了风口而成功，我们或许会产生失落感，但没必要太把它当回事。人能负担的，不过是当下。“临渊羡鱼，不如退而结网”，把握好每一个当下，用心对待手头的事，就是对自己人生负责的态度。

成功和幸福需要“天时、地利、人和”来成全。在无法左右其他因素的情况下，我们只能把“人和”这个因素放到最大，并在“万事俱备，只欠东风”时对“东风”说：我准备好了，请你开始吹号吧。

逆袭没有捷径

（一）

一些朋友问我：把我的文字发到哪个平台能迅速火起来？我该怎么样运营自媒体才能火速做到粉丝几十万？

每次被问这种问题，我都想翻个白眼。我要是知道世界上有这样的捷径，还需要在这里辛辛苦苦码字，码到过劳肥，码到颈椎炎、肩周炎、腱鞘炎都找上门来，码到没太多时间陪孩子，码到视力下降吗？

每次听到别人跟我说“我好羡慕你啊，当了老板，不需要朝九晚五，想休息就休息”时，我都很无语。

我的确是不再需要朝九晚五，但是，也没有节假日。别人外出游玩的时候，我在公司加班，自辞职创业以来，我从来没有不带工作地连休过两天。

到底什么时候，大家才能够明白“自由职业者”那点所谓的“自由”是“职业”二字换来的？老板所谓发号施令的权力，也是用极大的抗压、抗风险和担责能力换来的？

你有多自由，就得有多自律。你有多自主，就得有多自强。

过去十年间，我在网上写了不下三百万字，可直到 2017 年下半年才终于结束了粉丝总量为一万、阅读量为一千的八年“抗战史”。

那十年的时间里，我天天写、月月写、年年写，每天写几千字，但是，没有一个读者。如果不是因为热爱，不是因为相信的力量，我根本坚持不下来。

而热爱是什么？是一分钱都不给你，你也愿意去做的事情。

很多人只是眼红自媒体作者赚到了一点钱，看到他们出版了图书，看到有读者喜欢他们的文章、给他们打赏，却看不到人家在背后付出的努力。

这就是“只看到贼吃肉，没看到贼挨打”。

这是一种认知缺陷，它会严重影响一个人的行动力。因为持这类心态的人普遍拒绝承认“想要吃肉，必先挨打”这一客观规律，终身都在寻求并不存在的捷径，自然也就没法付出行动先接受“毒打”。

事实上，很多事情是做出来的，不是问出来的。

成天问人家“如何火速获得成功”却不去行动的人，是因为自己并不打算接受“毒打”，想略过这个过程就取得成功。

有个网友说她也想开一个自媒体账号，我说那你就去做吧。结果，她兴冲冲写了几天，更新到第三篇时再也懒得写了。

有朋友见我写了《有你的江湖不寂寞——金庸武侠小说的另类解读》一书，问我写了多久，我说“断断续续写了有小半年”，对方立马回答“原来写书只需要花这么点时间啊”。可对方不知道的是：在写书之前，我已经把《金庸全集》看了个透，而且细细看了不只五六遍。看书的过程中，我还边思考边记录。你与其说写这本书是速成，不如说是厚积薄发。

古希腊神话中，那个推着巨石上山的西西弗斯身上藏着一个极强的人生隐喻。

石头推上去，又会滚下来，他又把它推上山……你不能因为知道石头注定会滚下来，就原地躺平，不去推它。人这辈子，不都是在这么过的吗？

把那些看起来枯燥的事情一件件坚持下来，你会得到锻炼和磨砺。不知不觉中，你已经变成大力神，很可能你自己都不知道，但有朝一日别人一定能看见。

（二）

著名央广主持人小马哥，是我见过的最温暖的人。我上过两次他主持的节目《品味书香》，每一次跟他聊天，都有如沐春风之感。

我一直很好奇，一个在国内拥有众多听众、见过无数行业大咖的著名节目主持人，何以待我这样一个名不见经传的小作者如此温和、谦逊？

直到我读到了他的书《我走了很远的路，才来到你的面前》，我才明白：他本身出身寒微，也曾在追求梦想的路上苦苦跋涉，这些经历使得他更容易对他人经历的挫折和遭遇感同身受，让他生出一颗懂得体恤和疼惜他人的宽善之心。

小马哥生于新疆一个普通的家庭，初中未毕业就被迫辍学，成为一名汽车修理工。在茫茫戈壁滩上，收音机里来自远方的、字正腔圆的声音成了他唯一的消遣，也促使他立志成为播音员。他把播音主持的理论图书翻了无数遍，每天坚持早起练声。修了十年汽车之后，他放弃那份稳定的工作，怀揣梦想到北京上大学，然后靠自己的努力，一步步逆袭成为中央人民广播电台一名优秀的节目主持人。

刚到北京时，因为拮据，他省吃俭用，住在没有窗户、终年不见阳光、阴暗潮湿的地下室里。搬家时，他掀开床铺一看，发现床下竟长出了小蘑菇。

学习期间，小马哥靠做一些配音和解说工作贴补生活。有一次，他口袋里只剩下十块钱，上一期配音的酬劳要一周后才能拿到。他想着，如果试音顺利的话，那就请节目组的老师先预支一百块钱，这样就能熬过这个星期了。但是，那天试音极不顺利，五分钟的片子反反复复录了半个小时才完成。

被节目组告知试音没通过时，已经是凌晨一点半，早已错过了回住处的末班车，小马哥摸着口袋里的十块钱，恳请节目组的老师允许他在门口的沙发上凑合休息一夜，那个老师同意了，条件是天一亮小马哥就得离开。

那一夜，小马哥对自己的梦想产生了怀疑：太难了，还要坚持吗？

30 岁这年，小马哥终于成为央广的一名主持人。那时他做的是一档早间节目，每天凌晨五点就要到岗。为了避免迟到，他每天定三个闹钟。一段时间之后，他经常做迟到的噩梦，一做梦就出一身汗。

很多年后，小马哥在书里这样说："生活可以廉价，但梦想不可以。正是在这样的环境里，我越发懂得，梦想，唯有你努力争取，才会有曙光乍现；只有你坚持不懈，它才会向你露出笑脸。**其实，这世界，哪有什么顺风顺水；生活里，哪有什么一步登天的快捷方式，远方的目的地都是一步一个脚印踩过去的**。"

（三）

我身边还有很多实现人生逆袭的人，都是走了很远的路、吃了很多的苦头、等待了很多年，才被人们看见，才让自己多年前播种的梦想发了芽、开了花、结了果的。

我认识一个名叫阿乙的作家，他农村出身、警校毕业，当过几年基层警察，拥有非常好的文学天赋。

2005 年，一次偶然的机会，我发现一个叫"天蓬元帅"的博客写得很有意思，作者就是他。当时，他的博客只有我和"邮差"两个读者访问，但他一直默默无闻地写着，写一些当时看来根本发表不了也引不起多少人关注的文字。

我每天上网的第一件事就是打开他的博客，看他更新了些什么，并留下“已阅”的痕迹。他有非常蓬勃的写作欲，似乎不写不行。那会儿我十分佩服他遣词造句的功底，也喜欢他那些文字中透露出来的荒诞感。当然，我也会疑惑：这人写人性、写故事这么厉害，风格也是独树一帜，但为什么居然还没写出头？文学真的没落了吗？

几年后，他被罗永浩推荐给了图书公司，终于出了书。他的小说终于进入了主流文学界的视野，得到了格非、北岛等人的大力推荐，还拿到了文学奖。主流媒体开始对他进行采访报道，他的小说被翻译成多国语言销售到海外，他笔下的一个人物还成为了某部电影主角的原型。

我出第一本书的时候，不知道他已经火起来了，直到有一天一个同事说：“感觉现在纯文学都没落了，但我觉得阿乙的小说还可以啊。”

我惊喜地回答：“连你这样不常看严肃文学的人都知道他的名字啦，看来他终于写出头了。”

可你知道吗？我经常会回忆起他只有两个读者的那些日子。他每天都在网上写，每天写很长一段。在只有两个读者的情况下，他坚持了那么多年。

你说他写那么多只有两个读者看的文章，有用吗？在当时那种情况下，当真是一点用都没有，但是，他还是做了。

对绝大多数人来说，我们不是出生在名门望族，我们也没有令人艳羡的先天资源，我们甚至连“再来一瓶”这样的小奖都没中过，那么，你希求什么捷径呢？

如果真有捷径，那这条路上也一定早就挤满人了。

做什么事情不需要你投入可怕的时间成本呢？不需要你久久为功呢？

也许，它会有一些小小的技巧可以遵循，但决定你是否能长久走下去的，不是这些技巧，而是从 0 到 1 的这个积淀过程，而这个过程，极其辛苦。

人生中唯一的捷径，不过就是把别人认为没用的事多做几遍。

（四）

在李安没有当上大导演之前，他曾经有过一段非常阴暗的日子。每年他都会拍一些项目，但折腾来折腾去，最后总是因为资金问题搁浅。到后来，他只能赋闲在家，后期就心情沉闷地窝在家里写剧本，最后跟人合作写出了《喜宴》并获奖。

《喜宴》大获成功，在台湾一场庆功宴会上，李安突然大哭。有人问他怎么了，他回答：“在美国窝了那么多年，每天都吃简单的食物，今天突然喝到鱼翅汤，我突然想到在美国的老婆孩子，那么多年来都吃简单的食物，就忍不住哭了。”

我时常在想：如果那个剧本没有获奖呢？也许李安就从此一蹶不振了，因为当时他心理上已经陷入绝境，有点撑不下去了。

每次讲起一个行业，人们总是特别容易看到曝光率最高的、站在金字塔尖的那几个人，却看不到数以万计甚至千万计的人还匍匐在金字塔底。很多人以为，只要自己学到了金字塔顶端那几个人的经验、掌握了同样的方法，就一定能获得成功。殊不知，影响成功的因素太多了，依葫芦都不一定能画出葫芦，更何况是瓢。

这一点，放在哪个行业都是一样的。“机会”总是这么任性，而我们唯一能做的，只是在它来临之前，积蓄好力量。

现在，我们好像步入了一个崇尚“速成”的时代。教人速成的“导师”比比皆是，教人坚守“曲高和寡”。不管是写作、经营、科研、就业、婚恋甚至是走出婚恋伤痛，人们都希望速成。仿佛有了那些速成技巧，一切问题都会迎刃而解，你就能像只借了东风的风筝，可以一路扶摇直上了。

在当下的浮躁社会里，我们总是期望很多，想要一下子做成很多事情，比如，我们见到别人学英语、学跳舞、学钢琴、学编程，自己也去学；见到别人去考证，自己也去考；见到别人赚钱那么容易，自己也想跻身于那个行业……我们不停地向别人讨教成功经验，希望别人告诉我们“捷径”在哪里。每个人都想做那只“站在风口上的猪”，准备“捞一把就走”，或是幻想“一劳永逸”。少有人愿意潜下心来去认认真真地完成一件事、完成一件作品。

在我写了无数文字却无法“被人看见”的那些年，我也一度很怀疑自己。很多时候，我看着别人发表在报刊上的文字、看到书架上那些“畅销书”，文字水平貌似不比我好太多，我心里不免生出不平衡感来。

现在，我甚至有点感谢老天那会儿没给我什么出头的机会。当时我的文笔的确稚嫩，对人性缺乏洞察力，三观也不大正。如果当时我能得到一些露角的机会，那是很危险的。

我觉得一个人若是没有相应的格局、谦卑、胆识、远见，那么，“速成”绝不是一件幸事。因为一切来得太过容易，他会想当然地认为世界就是自己认识到的样子，他可能会认为自己能拥有那一切主要是因为自己非常优秀而不是够幸运，随后，他可能会膨胀，高估自己，低估他人和现实。

我很庆幸自己在三十几岁有了一点阅历以后，在我对人性的洞察力变强一点、对世间万物的悲悯心多了一点之后，才得到出书的机会。

我出的每一本书都像是一支毛笔，需要从生活这个砚池中蘸取墨汁、汲取营养。砚池里的墨汁从哪儿来的？是生活给你的。生活如何给到你这些？靠时间、靠阅历、靠经历事儿。

每个人都希望自己能实现人生逆袭。逆袭靠的是什么？当然是热爱、坚持，外加一点点运气。

大部分人听到别人逆袭的故事，只看得到“贼吃肉”，看不到“贼挨打”，可人生进阶的秘密主要集中在“挨打”阶段，只是大部分人在那个阶段就撑不过去了。

李安对逆袭有自己特殊的看法，他说：“人生不只是坐着等待，好运就会从天而降。就算命中注定，也要自己去把它找出来。努力与否，结果会很不一样的。在我过去的体验中，只要越努力，找到的东西就越好。当我得到时，会感觉一切好似注定。”

这段话，也送给你共勉吧。

最酷的追星，是逆袭成你曾经的偶像

（一）

我曾经目击过一次青少年追星现场。

某歌手在某个城市举办签名见面活动，众多歌迷将主席台围得水泄不通。在这群狂热的歌迷中，以中学生为多。现场屡屡失控，其情其景不亚于一场骚乱，哭喊者，欢呼者，情绪失控者均有之，以至于主办方不得不出动警力维持现场秩序。

对此，我万分不解：一个个的，怎么这么激动啊？至于吗？若是发生踩踏事件，这后果简直不堪设想啊。

近年来，疯狂粉丝变态追星的新闻屡屡见诸报端，从极端示爱到暴力恐吓，从自残、自杀吸引偶像注意力到斥巨资博偶像欢心，某些粉丝的追星行为令人匪夷所思，一个个看起来“病”得不轻。

我曾有过被某演唱组合的粉丝们群起围攻的经历，起因仅仅是我在网上发表了一条微博："组合中的三个男孩子都长得很干净，但单就长相来说，我觉得某某更帅气一些。"

好家伙！话音刚落，这个话题就被该组合的粉丝群注意到了，我被攻击得毫无还击之力。还有人直接质问我："你凭什么觉得另外两个男孩长得不如某某好看？"

这一切看得我目瞪口呆，因骚扰信息太多，我只好无奈地删除了那条微博，这起事件才算平息。

我理解的，在某一类人眼里，自己的偶像是万能的，是不可亵渎的。为了维护自己的偶像，他们可以跟陌生人在网上展开骂战，在键盘上打几千字不嫌累也不嫌浪费时间。他们宁肯自己不吃饭，也要买偶像纪念品；宁肯自己不休息，也要半夜爬起来给偶像贡献支持率。

偶像一笑，他们疯狂；偶像一哭，他们心碎；偶像生病，他们崩溃；偶像看他们一眼，他们能直接"融化掉"。

或许正是因为如此，如果偶像被否定了，这些人就觉得连同自己也被否定了。他们甚至会产生"你骂他，那就是在骂我"的感觉，然后奋起反击。

我理解人们对偶像的喜爱，因为人们很容易对那些比自己优秀、漂亮的人产生崇拜感，接着就会产生向别人分享美好的冲动。比如，我用过一件物美价廉的东西，觉得你不能错过，就把它推荐给你，希望你也能享受这么美好的东西。又比如，我觉得一处风景很漂亮，就拍下来发给亲戚朋友或者分享到自媒体，让别人也跟我一起分享美、分享喜悦的心情。但是，面对那些对自己的偶像无感的人，我们是不是应该理智地思考一下：别人怎么看待你的偶像，对你而言真的很重要吗？

追星是每个人的权利，但做人要有最基本的涵养。我们首先是我们自己，才是“别人的粉丝”。偶像的生活是他们自己的，我们拥有的只是自己的生活。咱们追星可以，但不能盲目崇拜，不要过分越界，不要骚扰别人，不要影响自己的学习和生活。

我有一个男性朋友，喜欢歌手许巍多年。他熟悉许巍的每一首歌，拿起吉他时只弹许巍的歌。许巍接受采访时说过的话，他全部记得。许巍到他所在的城市开演唱会，他再忙也会去听。

有一回，许巍到他朋友开的餐馆里吃饭，他刚好也在那里。他犹豫了许久，不知道要不要去跟喜欢了那么多年、陪伴了他整个青春的偶像打个招呼、要个签名、拍个合影，可他担心自己的行为会影响偶像用餐，终究还是没去。他只是对着许巍的背影，隔空敬了他一杯酒。

那一刻，我觉得他的灵魂在发光。

（二）

我们都知道，人最容易追星的年纪是在13～19岁，因为处于这个年龄的青少年会经历“自我同一性”危机。

“自我同一性”是美国心理学家埃里克森提出来的。“自我同一性”危机是青少年面临的一个难关，他们会感到非常迷茫，需要思考“我是谁”“我要成为什么样的人”“我该怎么做、该往哪里去”等问题。

被这些问题困惑而找不到自我的时候，青少年们很容易被偶像所吸引，会强烈地认同某个偶像，甚至将其划入“自我”的世界中。如果偶像达成了他们的理想，成为了他们想成为的那种人，他们就会不自觉地想保护他、捍卫他。偶像的荣辱就是他们的荣辱，偶像的兴衰就是他们的兴衰。

在我十四五岁的时候，我们宿舍几个同学都有各自迷恋的偶像，我们甚至给他们写过信。我曾经迷恋过一个军营歌手，甚至梦想长大以后要嫁一个像他那样的军人。如今，我们再想起那段岁月，只会哑然失笑，而我曾经迷恋过的那个歌手现如今已经长成一个看起来有点肥腻的大叔，也再没有好作品问世了。

我非常理解青少年对偶像的追崇，因为我自己也经历过这个阶段，可是当我们慢慢长大，生出更强大的自我以后，便要学会用批判的眼光看问题。

一个人和他的作品是可以分开看待的，就像喜欢吃鸡蛋的人不一定非得见到那只下蛋的母鸡。一个偶像，也可以有“闪光面”和“平平无奇的一面”，我们可以分开来看。

曾经，我崇拜过古巴革命者切·格瓦拉，一度觉得他是最纯粹、最彻底的革命者，甚至还曾撰文讴歌过他，可后来我发现：在感情上他是个渣男，打游击过程中他也曾不分青红皂白杀人如麻，甚至临死前很没骨气地向敌人求饶可能也是真的。有一段时间，切·格瓦拉之所以在全世界范围内被追捧，是因为当时的人们需要一个象征着激进、斗争的“精神符号”。

偶像经济本来就很像泡沫经济，有的偶像则像是一款过度包装出来的商品，因为广告里一个具有说服力的卖点就能将万千粉丝驯服，粉丝们把对完美、励志人生的憧憬寄托到他们身上，所以甘愿将一个卖点当成一个人。

等我们慢慢长大，便会发现：曾经的偶像们的确有过人之处，但也有各自的局限。我们感觉公众人物高大、无所不能，是因为我们都“跪着”，所以觉得他们高不可及。但是，等你站起来呢？你会发现，他们也不过就是在某一方面有出色表现、出色才能并且刚巧是我们欣赏的某一类人而已。

我们对一个人、一件事物的认知，是会随着自己阅历的增加而改变的。你不再狂热地迷恋谁、崇拜谁、追随谁，也是你长大成熟的一种标志。

发现“偶像也有局限”，根本谈不上是“幻灭”。我们接纳他们，像是接纳有闪光点也有阴暗面的自己。我们一直记得他们，实际上是在缅怀逝去的青春与岁月。我们永远感激他们，但不会再为他们疯狂。

一个人走向成熟的标志，是心中不再有神坛和偶像。我们终究要学着把“自我”与偶像“解绑”，因为真实的人生只有我们自己在过，除了关注偶像之外，我们还要把时间和精力花在刀刃上，不断做自我提升。

还是王菲在《开到荼蘼》那首歌里唱得好：“一个一个偶像，都不外如此。沉迷过的偶像，一个个消失。谁曾伤天害理，谁又是上帝，我们在等待，什么奇迹。最后剩下自己，舍不得挑剔；最后对着自己，也不大看得起。谁给我全世界，我都会怀疑。”

保持怀疑，保持谦卑，独立思考，你才能做到不盲从、不轻信、

不流俗，长出慧眼和慧心。

（三）

追星其实并不可怕，关键是看你怎么追、追的谁。

我追过很多“星”，著名编剧六六曾经是我追过的“星”之一。

六六出名以前，曾有过一段浑浑噩噩的日子，干啥啥不行，不知道自己擅长什么，也不知道未来会怎样。直到25岁那年，有人在一群人的聚会上指着她说：“别人家的老婆，都是硕士、博士，都有正当工作，而你那么年轻，却是个累赘。你的孩子以后会以你这样的妈妈为耻！”她这才立志改变，认真读书，奋笔写作，不眠不休。坚持了七八年，风水就转过来了，干啥啥行，学啥啥灵。

27岁，六六随丈夫赴新加坡定居，丈夫去读博士，六六则满世界找工作未果。她当过临时保姆、做过幼教，同时以“六六”这个笔名在网上撰文，《王贵与安娜》《双面胶》等小说都是她在这个时期写成的。

六六写小说的速度非常快，《王贵与安娜》只写了15天，《双面胶》写了30天，长篇小说《蜗居》只花了40天就写完了。写《蜗居》剧本时，六六正在怀孕，她没日没夜地工作，却没要一分钱的编剧费。

对此，她没有任何怨言，因为她相信自己更好的作品还在后面。

六六成名后，名利双收，有了一份前途无量的事业。随后，她离婚了。那段婚姻，主要过错方不在她，她也曾尽力不让它破裂。

六六离婚时，我也离婚了，处于“意难平”的阶段。离婚后，虽然我的失眠状况有了大大改善，但当沮丧感袭来的时候，还是会很难受。当时，亲子综艺节目《爸爸去哪儿》火遍大江南北，每次听到那首主题歌，想到女儿这一生可能都体验不到“晚上睡觉时，自己睡在中间，父母睡两边”的生活，我就泪如雨下。

六六对出轨和离婚的看法深深影响了我，也鼓舞了我。每一次，在对自我和人生产生怀疑、感到万分沮丧和绝望的时候，我就会想到六六在节目里、在微博上、在书里说过的话，就像是得到了某种力量。

我是这么想的：跟我生活在同一个时代的她，遇到的糟心事儿未必比我少，但她却可以活得那么强大、潇洒，为什么我不行呢？

就这样，我像是得到了某种安慰和鼓励，不再抱着怨妇心态生活下去。

过了一两年，我坚持写作的努力终于被外界“看见”，慢慢的，我也成了能给别人带来鼓励的“精神范本”。

我之所以说六六“曾经”是我的偶像，是因为后来我慢慢“长大”了、“长高”了。当我慢慢变强大、变成熟，我看待世界的角度也开始变宽、变广，这时候再看六六的某些言行，也不全然认同了。只是，她无意间传递出来的那份正能量，她自始至终都不知道，但我却都记得。

2008 年北京奥运会上，一个 13 岁的少年第一次见到了崇拜许久的偶像菲尔普斯。作为小迷弟，他特别开心地要到了偶像的签名，还特别害羞地跟偶像合影。在 2016 年里约奥运会 100 米蝶泳决赛的赛场上，这位少年已长大成人，他一举击败了美国名将菲尔普斯，赢得了新加坡历史上第一枚奥运金牌。

这位少年名叫约瑟琳。他在接受媒体采访时说：“从小，我就视菲尔普斯为偶像。八年来我辛苦训练的目标，就是为了能成为和他一样甚至是比他更好的运动员。”

这个励志故事，当时在网上引起了无数网友的感慨，人们纷纷议论：“再没有比这更酷的追星方式了！”

我想，每个人都曾有过自己的偶像吧？我们熟知的那些名人，也各自都有过偶像。比如杜甫崇拜李白，辛弃疾崇拜陶渊明，冰心崇拜泰戈尔，徐悲鸿崇拜任伯年……

他们的追星史，也是一部逆袭史。

他们看到了偶像最闪闪发光的一面，向着偶像站立的方向前行，一步一个脚印追求心中最光辉、美好的目标，终于从一个不断追逐偶像后尘的“小粉丝”成长为一个能与自己当初的偶像平起平坐的人。

在追星的过程中，他们成就了最好的自己。

当年，鲁迅先生在写到自己的偶像藤野先生时，写过这样一段话：“只有他的照相至今还挂在我北京寓居的东墙上，书桌对面。每当夜间疲倦，正想偷懒时，仰面在灯光中瞥见他黑瘦的面貌，似乎正要说出抑扬顿挫的话来，便使我忽又良心发现，而且增加勇气了，于是点上一支烟，再继续写些为‘正人君子’之流所深恶痛疾的文字。”

是的，偶像就像我们的灯塔。我们追星不应该只是“追”，而应该是看到“星”身上的闪光点，将“星”作为自己的灯塔，用他们的精神激励和鼓舞自己。向我们所钦佩的偶像学习，不断地完善和提升自我，这才是“追星”带给我们最积极的意义。

最酷的追星方式，是努力把自己活成偶像的样子。

不过，不管是“偶像”还是“励志范本”，他们能陪伴我们的，也只有生命的某一程。真正能一直陪着我们、鼓励我们前行的，只有我们自己。那么，就请你带着偶像曾经给过的激励，勇敢前行吧。

一个“笨小孩”的逆袭之路

（一）

小时候，我是家族中出了名的“多病儿”“笨小孩”。

从出生以后到12岁之前，我深受哮喘性支气管炎的折磨。哮喘发作的时候，我呼吸困难、烦躁不安，无法平躺更无法入睡，只能像个垂死的老人一样，听着自己的喉咙发出拉风箱一样的喘息，坐着等天亮。每次发病时，我都会觉得活着真没意思。

从小，大概是因为体弱多病的原因，我看起来有点“呆”，在任何事情上都表现得不机灵，随便谁都可以把我捉弄得团团转。长辈们、亲戚们特别喜欢拿我和我弟、堂弟堂妹、表弟表妹们做比较，然后轻而易举地得出“他们更聪明而我最蠢笨”的结论。

大人们对我的“定性”，都是如何得出来的呢？一方面，大概是因为我学东西慢、反应也慢；另一方面，可能是我的某些言行让他们觉得我“不精明”“特别憨”。

比如，和孩子们玩游戏，我每次都会因为笨手笨脚而成为他们眼中的“猪队友”。同龄孩子早就学会了爬树、游泳、翻跟斗，只有我不会。久而久之，我就被小伙伴们孤立、边缘化了。

又比如，每次我和弟弟做错事之后，我父母很生气，想要打人，我弟一见父母去拿藤条，就一溜烟跑了个没影儿，而我只会站在原地，任由父母把怒气都撒在我身上。就这样，每次承接父母坏情绪的人都是我，等我弟跑回家时，父母的气已经消了。

现在分析起来，我这只是眼界不高、格局不大的长辈们眼里的“笨”。

笨手笨脚这点我承认，从小到大我最怕上的就是体育课。虽然我手脚协调能力是不大行，但脑子还算灵活、做事情也够专注。比如，学数学，遇到我不会的题，我就会跟它死磕，直到把答案解出来为止，为此，我可以长期坐在书桌旁做题。别的小伙伴就不行，他们坐不住，很容易被其他有趣、好玩的东西吸引过去。

做错了事，我能“一人做事一人担”，敢于直面父母的暴怒和惩罚。从另外一个角度来讲，也是“遇事不逃避”的表现，我哪里就笨了呀？

当然了，这些只是“现在的我”看待“小时候的我”的一个新角度。事实上，整个童年时期，或许是因为长辈们“耳提面命”得多了，我真的认为自己很笨。

上小学的第一天，老师问我叫什么名字，全班只有我一个人记不住自己的学名，大家哄堂大笑，嘲笑我是个“笨母猪”，这笑声让我感到异常屈辱。

上一年级时，我的脑子是真的没开窍。课堂上学拼音，什么是声母、韵母我一概分不清。每天放学，我都被老师单独留下来补课，因为当天老师教的拼音，全班就我一个人学不会。

上小学以前，我是在山村里的外婆家长大的。刚上小学的我，沿袭了山里孩子的所有习性，这些习性包括淳朴、善良、乐于助人、容易信赖他人，当然也包括了怯懦、自卑。

我一口山里的土话，经常被小伙伴们嘲笑。他们学我说山里的土话，笑话我不会使用铅笔刀，笑话我一看到汽车就浑身紧张，笑话我穿的补丁衣服很老土。彼时，我是学校里唯一一个买不起花雨伞、花裙子的女生，再加上学习成绩差，更是成了同学们孤立和霸凌的对象。

可以这么说，小学一年级的我，是病魔戏耍的“玩具”，是家族里出了名的笨蛋，是学校里出了名的“土老帽”，是拖全班后腿的差生，是众人眼里一截不可雕的朽木。

没有人对我有信心，连我自己也认为自己就是个“笨小孩”。

一年级结束，老师摇了摇头，让我留级。父亲跑去央求老师，说家里没有让我留级的学费钱。他求老师让我升二年级，将来能混个小学毕业的文凭就好了。多读一年书，学费就得多出几十元，对于一个在贫困线上挣扎的农民家庭来说，这确实是一笔无力承担的“巨款”。

在父亲的再三央求下，老师让我跟着上了二年级。到了二年级，我依旧自卑，依旧愚钝，依旧被人嘲笑。

直到有一天，我的命运因为一句赞扬的话发生了转折。

有一次上语文课，老师问班里有没有谁可以当场背诵《春晓》这首小诗，我第一次举起了手。

在小手林立的课堂上，老师选择了我，而我流利地把那首诗背诵出来了。老师说：“很好，你很聪明，请坐下。”老师那时说的或许只是句客套话，但却挽救了我日渐崩溃的自信，甚至改变了我对自我的认知。

人生中头一次得到老师的肯定，就是我命运巨变的开始。加之二年级我们开始认汉字，不再天天学那些无聊的汉语拼音，我的学习兴趣来了，脑子也终于开窍了。我终于不再是全校著名的“差生”，语文、数学成绩也慢慢赶了上来，还经常考全班第一。

对于一个被霸凌的孩子而言，没有什么比“考第一”更扬眉吐气的事了。老师看重你，学校奖励你，你在同学中间的地位就会得到无形的提高。而这些，都是我自己通过努力“挣”来的。

（二）

如果说老师那一次“无心插柳”的表扬，让我建立了对学习的自信。那么，上小学时我学到的《一定要争气》这篇课文，则真正让我建立起了对学习的自觉。

《一定要争气》这篇课文，讲的是我国著名生物学家童第周的故事。

童第周小时候因为家里穷，只能一面帮家里做农活，一面跟父亲念点书。他 17 岁才进中学，但文化基础差，学习很吃力，第一学期期末考试，考得很差，校长要他退学或降级。童第周再三请求，校长才勉强同意让他跟班试读一个学期。童第周对自己说：“一定要争气。我并不比别人笨。别人能办到的事，我经过努力，一定也能办到。”

第二学期，童第周开始发奋学习。同学们还没起床，他就跑出去读外语。同学们都睡着了，他又跑去路灯下看书、演算习题。经过半年的努力，他的功课终于赶上来了。到了高三，童第周更是持续发力，他的总成绩名列全班第一，连校长都感慨：“我当了多年校长，从来没有看到过进步这么快的学生。”

童第周28岁的时候，得到资助去比利时留学。旧中国贫穷落后，在世界上没有地位，外国学生瞧不起中国同学。童第周暗暗下了决心，一定要为中国人争气。几年来，童第周跟随的教授一直在做一项实验，把青蛙卵的外膜剥掉。这是一项难度很大的实验，那位教授带着外国的同学做了几年也没有成功。

童第周不声不响地刻苦钻研，反复实践，最后终于做成功了。这件事震动了欧洲的生物学界。童第周激动地想：“一定要争气。中国人并不比外国人笨。外国人认为难办的事，我们中国人经过努力，也能办得到。”

我之所以被这篇文章打动，是因为自己的某些经历跟童第周的经历太契合了。《一定要争气》这篇文章，每个字都写到了我的心坎上：家里穷，不正是我吗？起初考倒数、令人失望、差点留级，不就是我吗？既然童第周可以实现逆袭，那我为什么不能呢？

整个少年时代，我都在向童第周学习，把他说过的“一定要争气”

的名言铭记于心。我知道自己可能没啥天赋，所以更加勤奋和努力。每次感觉自己要泄气的时候，觉得自己已经被别人远远甩开的时候，我就拿“别人能做到的事，我经过努力也一定能做到”来鼓舞自己，这才成就了以后那个根本不愿服输的自己。

对于出身贫贱的人而言，“争气”当然是第一要务。在我很小的时候，父母就叮嘱我，一定要好好学习，跳出“农门”，远走高飞。有时候，父亲还会加一句：“特别你是女孩子，不读书更是没有出路。”

我那时对父亲说的话还没有切肤的体验，因为暂时看不到女性在农村的出路、退路有多窄。现在想来，我真的要感谢我爸妈拥有远超同学父母的格局和远见。不管家里怎么困难，他们都笃信“读书可以改变命运”。他们骨子里也没有“重男轻女”的思想，不会像我一个女同学的父母那样，让她早早辍学出去打工，供弟弟上学。

小学我还算是刻苦努力，最终以全校、全乡镇（应届生）第一名的成绩被县城某中学录取。

去县城上学，是我自己的主意，虽然花费比留在镇上的中学上学要多。我父母没有因为经济拮据而留我在镇上读初中，而是完全尊重了当时才 11 岁的我的意见。

11 岁，我去到离家四十多公里的县城上学，并开始住校。刚上初一，我数学有点跟不上。此时，童第周的故事又浮现在我眼前，我默默钻研，到了期末，又考了全班第一。那时，学校设立了奖学金制度，期末考试谁要能考年级第一，就可以得到 80 元的奖励金。

我觉得这对我而言是一个难得的“挣钱”机会，就更加发奋学习。每年学期末，当我骄傲地把奖学金交给爸妈，内心里总感到无比的自豪。

初中毕业，我以中考文化分总分全县第一的成绩进入市重点中学。

到了高一，我又跟不上了。第一学期，我连年级前一百名都没进。那会儿，我们一个年级大概有300个学生，按照往年30%的升本率算，后两百名是没希望考上本科的人。

看到考入前一百名的同学兴冲冲去年级主任那里领取 50 元的奖励金时，我心里难过极了。童第周说过的那句“我并不比别人笨，别人能做到的事情，我经过努力，也一定能做到”再次回荡在耳边。我不停给自己加码施压，有时候竟会因为一道数学题解不出来而急得痛哭。

高一下半学期，我真是在学习上使出了吃奶的劲儿。高一下学期结束，我拿到了邮局寄过来的成绩单，上面清晰地写着我的名次：班级第一。这个成绩让我始料未及，我揉了揉眼睛，再把成绩单拿到太阳底下去看，确定是“第一”。

高中三年，这个“第一”我一直保持得很好。高二的时候，我参加“全省会考”，除了语文作文丢了三分之外，其他科目我都拿了满分。

学校当时还组织高二学生参加高三的全省模拟联考（俗称“小高考”）。在完全还没学过高三课程的情况下，我的考分竟达到了前一年的本科录取线。我是高二学生中少数几个能考过这条分数线的人，以至于有好长一段时间，同学向我请教问题时，都称我为“大学生”。

一直到高考，我大部分时间都能保持第一名，很少失手。

我一直觉得，“考第一”这个信念有时候会影响我们终身。它能给你一种正向的激励，让你觉得自己并不比别人差。如果能终身保持这种“精英意识”，严格要求自己，它就会形成一种根深蒂固的“力争上游”的习惯。

童第周回忆往事的时候也说：“在效实（中学）的两个‘第一’，对我一生有很大影响。那件事使我知道自己并不比别人笨，别人能做到的，我经过努力也一定能做到。世上没有天才，天才是用劳动换来的。”

也正因为有过这么一段经历吧，我觉得少年人真的需要励志鸡汤，而不该过早地探知“努力了也不一定能成功”的另一面残酷真相，从此泄了气。

少年人的可贵，正在于认定目标就不加怀疑，在于他们有一往无前的天真和孤勇。一旦我们长大了，也就开始怀疑了；一旦开始怀疑了，我们就开始内耗了；一旦开始内耗了，我们的冲劲儿就变弱了。

（三）

说真的，作为一个众人眼里的“笨小孩”，我实在太理解《射雕英雄传》中的“小郭靖”了。

书上写小郭靖4岁时才开始说话，到了6岁仍不能灵活地讲话。小郭靖跟着江南七怪学武时，确实愚钝到“能气死师傅”，可后来马钰道长一语点破先机：江南七怪“教而不明其法”，郭靖才会“学而不得其道”。

“千里马常有，而伯乐不常有”，不是所有人都具备判断别人聪明或愚钝的能力。有些人就像傻小子郭靖一样，其实是“石中隐玉”、大智若愚，只是普通人以世俗眼光及价值观去批判，难免会自作聪明，看走眼。

这世界上的很多事情，只有那些“心眼少”的人能做到、做好。他们看起来很“笨拙”，但心无杂念、做事专注，舍得下“笨功夫”。这些“笨人”，自有股痴劲、呆劲、傻劲，他们心底澄澈，杂念少，心眼少，很容易排除外在的干扰，进入“物我两忘”的世界，迸发出非凡的能量。

一个“笨人”，若是明白“勤能补拙”“笨鸟先飞”的道理，就有机会参透成功之道，走上逆袭之路。

曾国藩就是这样的人。据曾国藩本人回忆：“国藩愚陋，自八岁侍府君于家塾，晨夕讲授，指画耳提，不达则再诏之，已而三复之。”由此可见，曾国藩小时候学习挺不开窍，再三讲解也是弄不明白，的确可以划入“笨孩子”之列。可人家肯在学习上下苦功夫，15岁就在长沙童子试中考第七，21岁中举，27岁考中进士，最终“为师为将为相，立德立功立言”。曾国藩说自己笨，实在只是对自己有“高标准、严要求”，只是一种自谦之词。

《礼记》中有这样一段话：“人一能之，己百之；人十能之，己千之。果能此道矣，虽愚必明，虽柔必强。”意思是说，别人学一次就能学会的东西，自己学它一百次；别人学十次就能学会的东西，自己学它一千次。如果真能坚持这样做，再笨的人也能变得聪明、强大起来。当然，这里说的次数，不是让你重复用同一种方法尝试，而是分清“有效用功”和“无用功”，持之以恒地做有效尝试，拿出“滴水穿石”的精神向着目标进发。

能想通这一点并且付诸行动的，可能是愿意下笨功夫的“笨人”，但绝对不是“蠢人”。

现在，依然有读者不停在问我：“羊羊，你能成为高考状元、从农村突围出来，是不是因为你比当年的小伙伴们聪明？”

我回答他们，完全不是的，我和当年小伙伴们最大的差别可能不是智商水平，而是勤奋度。

就拿备战高考这件事来说，我当时真的是很勤奋的。整个高三，我几乎停止了一切娱乐活动，甚至连学校图书馆也不去了。

教室里的灯开到晚上九点钟就熄灭，我和同学们就跑去学校外买来蜡烛，在烛光下继续温习功课。十点多回到宿舍的时候，宿舍的灯也熄了，我们又在蚊帐里秉烛看书。每隔一段时间，我们都会相约出去买蜡烛，常常一买就是一箱。我的近视眼，估计也就是那时候形成的。

我几乎把所有的时间、精力都花在了学习上。早上跑完早操，去学校的桃林背英语；中午我不午休，看数学题；晚饭后到上晚自习那段时间，我去学校的樱花林旁看历史、政治课本。周末，当同学们都出去游玩或者走亲访友时，我去教室上自习。

高三时我参加“模拟考”，却不幸考得很差，没进班级前三名。那段时间，我都要抑郁了，接下来几乎把所有时间都花在了复习上。

临近高考的时候，历史课本我一共背诵了 27 遍，某个知识点在哪一页哪一张插图底下，我都有印象。我并不很聪明，也没有过目不忘、举一反三的本事，唯一能支撑我考高分的，不过就是反复的背诵罢了。

资质聪明，只能让你的人生锦上添花，它永远不可能成为勤奋的替代品；若是运用不当，还有可能“聪明反被聪明误”。事实上，越是聪明的人，越是不敢小看勤奋的力量。

曾国藩常说：“天下之至拙，能胜天下之至巧”。有时候，舍得下笨功夫的“笨人”，才是真正的高人。他们志存高远，很难被眼前的短期利益所迷惑，在做具体的事情时更能沉得住气，更愿意付出努力，反而能笑到最后。

亲爱的朋友，如果有人说你“笨”，实在无需介意，也许人家只是想在你身上找点优越感罢了。即使此刻你正身处低谷，即使身边每个人都在说你“笨”，你也要记得给自己打气：我不笨，别人能做到的事，我经过努力也一定能做到，我一定要为自己争口气！

高考状元的自尊心

（一）

每一年高考过后，有关高考状元们的消息就层出不穷。对高考状元这个群体，我还是有一点发言权的。我的大学属提前录取批院校，早年间录取分数线一直不低，我的校友多是市状元、县状元，而且为数不少，一抓一大把。

起初，我一直避谈自己作为“文科高考状元”的这个身份。都说“好汉不提当年勇”，当年的成绩只能代表当年，偶然一次考试的得分只能代表那一次考试的表现，一不小心考个第一名可能有运气的成分，不一定能证明学习能力很强，也不意味着你从此就走上了人生巅峰。

出版第一本书时，我不乐意把“高考状元”这个头衔拿出来作为宣传点，但作为一个初闯江湖的、名不见经传的作者，我确实也拿不出其他能让人注目的“光环”，就只好听从了策划编辑的意见。

现在，对于这个头衔，我反而坦然了。

我不把它当回事，它自然就不会成为我的枷锁。再说了，如果状元真是个光环，那我与其抗拒它、羞于提起它，不如付出一些努力去维护它、捍卫它，或者，至少，不给它抹黑，争取不让人们因为我而说出“看，那个高考状元现在混成了败类”这样的话。

每次看到“高考状元们普遍走向平庸化，没多少人能成为行业精英”之类的评论，我都哑然失笑：哪个群体、哪个行业里，平庸者不是占大多数啊？让高考状元们承认自己“平庸”，其实并没有人们想象中的那么难。

高考状元这个群体，和其他所有群体一样，也存在“正态分布规律”：表现特别优秀和表现特别差劲的人，都是少数。绝大多数的高考状元过着相对优越的生活，但因为他们就读的大学名头足够响亮，毕业证书这本“敲门砖”足够有分量，他们大多还是会比那些高考成绩一般的同学要混得好一点点。

少数的高考状元，就属于“异类”了。他们可能成为行业的佼佼者，是社会上最出类拔萃的那拨人。还有一些人，高考“昙花一现”后，迅速泯然众人，人生轨迹急转直下，成为负面新闻中的当事人。可是，如你所知，混得特别优秀或是特别差劲的高考状元之所以能上新闻，是因为这种事情比较罕见。

我认识的市、县高考状元，包括我自己，大多属于“平庸的大多数”。我们没有成为行业“大咖”，也没有沦为流浪汉、精神病患者甚至是阶下囚。更多的人，拿着一份还不错的收入，做着一份还不错的工作，过着还不错的生活，比上不足、比下有余。

（二）

网上曾经有两份流传很广的名单。

第一份名单里有：傅以渐、王式丹、毕沅、林召棠、王云锦、刘子壮、陈沆、刘福姚、刘春霖。第二份名单里有：李渔、洪升、顾炎武、金圣叹、黄宗羲、吴敬梓、蒲松龄、洪秀全、袁世凯。前者全是清朝科举状元，后者全是当时的落第秀才。第一份名单里的人，我们可能一个都不认识，而第二份名单里的名字大家都如雷贯耳。有人借此得出结论：读书好也没有啥用。

很快，有人列出了第一份名单里那些科举状元们的情况，他们有的是一代名相，有的是湖广总督，有的是翰林院修撰，有的是秘书厅厅长。也许他们的名气不够大，但人生也并不悲惨，成就远远超过绝大多数普通人。

其实，普通人也有各式各样的人生际遇，但没人愿意关注他们的命运及他们的人生轨迹最终去向了何方。就像人们天天把“红颜薄命”挂在嘴边，说得好像美人大多晚景凄凉一样，可事实并不一定如此。问题是：长相普通的女人到底福薄还是福厚，没几个人关心啊。

这类“出头鸟更容易被注意到”的现象，或许也能回答“高考状元们平庸化”的问题。

在我看来，拥有“高考状元”这个头衔确实没啥值得骄傲的，不过就是某场考试发挥得比较好，而这场考试恰好是高考而已。

高考前两个月，我们也进行过一次模拟考，我破天荒没进班级前五，差点抑郁。事后想来，如果那场考试就是高考，那也是我的真实水平。

高考真的只是人生中一次小小的考试而已，如果你在这场选拔赛中表现稍微出色点，它或许能带给我们某种“卫冕精神”“追求卓越的精神”。你知道自己曾经达到过某个高度，体验过那种胜利的感觉，那么，当你再遇到困难和挑战的时候，你只要一想起自己曾经做到过，你就会相信自己一定能再次做到。

我们不一定要戴着“高考状元”这个光环活着，不一定要成为那出类拔萃的“少数”，但至少，可以不让自己活成那令人惋惜的“极少数”。

（三）

今年高考结束后，某天一大早，我闺蜜从微信上给我发来一条链接。

我打开一看，内容讲的是当年我们市的高考状元们的现状以及他们对应届高考考生的鼓励。他们当中，有两个还是我认识的。

闺蜜问我，这家自媒体怎么没来采访你？

我说，可能在常人眼里，我不属于“佼佼者”。你看我浑浑噩噩过了这么多年，一没成名，二没得利。在体制内混那么多年，没有官运亨达（当然也志不在此）；出来创业吧，暂时还没做出个啥名堂。前几年离了婚，还长胖了（这事儿可比离婚严重），离世俗眼中“人生赢家”的目标还那么远。

闺蜜说，你也不差啊，你向来对自我要求高。别人拿 60 分就很满足了，可你总是要求自己拿 90 分。当年你一出高考考场就痛哭流涕说自己考砸了，可最后怎么着？你拿了全市第一。

我摇了摇头，回复她一大段话：

“过去那么些年，我觉得自己走了很多弯路，也浪费了很多时间。在探索这个世界的人生阶段，我都是被情势推着走的。高考考第一是偶然的，高考志愿是瞎报的，去读提前录取的院校是因为没钱复读，大学毕业后南下找工作，也是想早点还助学贷款。

“人生的上半场，我觉得自己像一片叶子一样，浑浑噩噩顺流而下，命运的河流把我运送到哪儿，我就停靠在哪儿。不过，我真的很感谢离婚这件事，是它打通了我的任督二脉，让我的灵魂终于开了一个窍，让我深切认识到‘无常’和‘孤独’的绝对性以及每个人都应该追求独立的紧迫性和必要性，我这才终于变得无畏一些、自律一些。就像是突然找到了一个船桨，我开始尝试着去主导自己的命运，不想再随波逐流，而是想奋力划向我想要到达的彼岸。这过程很苦，我的方法可能也很笨拙，但我终究是在努力了。”

闺蜜问，说实话，你有“状元包袱”吗？我看很多学霸，一直活在曾经有过的某种光环里。

我又给她发了长长的一段话：

“实话说，我真是有的，但我不觉得这是坏事，这个包袱是支撑我没有最终滑向堕落的强劲动力。你也知道的，我这人有时候特别懒惰，有时候意志力还很薄弱。很多时候，在我觉得想要得过且过甚至想走捷径时，我会被内心深藏的一句话给惊醒，这句话是：‘你曾经是高考状元，虽然这不是啥了不起的成绩，但如果你不想成为状元新闻里的反面教材，成为人们嘲笑的对象，你就别趴下，给我站起来，跑！’

“我这种‘爱面子’，说得好听点叫‘有自尊心’，但这可能是我最后的倔强了吧？每个人对‘面子’的定义不同，我觉得丢面子的事情不是离婚，不是事业失败，而是我能不能按照自己的心意去择偶、择业、择生活方式，是我会不会成为连自己都看不起的人。人到中年，大家的梦想大抵差不多：兜里有点闲钱，手头有点事做，做事不要犯错，过得健康平安。高考状元的自尊心不能当饭吃，但有时候真的可以激励我们不往深渊里坠落。”

我想，“高考状元”对于我的意义，不仅在于它让我有机会实现了阶层跨越，更在于它会让我时常想起那时候顽强拼搏的劲儿。

我怀念那时候的自己，那个知道自己没有退路所以愿意一往无前、全力以赴的自己，那个笃信努力拼搏就有收获且不怕苦、不怕累的自己。

高考前那会儿，我身上的某些品质与电影《阿甘正传》里的阿甘、电视剧《士兵突击》里的许三多有几分相似。阿甘把自己仅有的智慧、信念、勇气集中在一点，心无旁骛地在某条认定好的路上不停地跑。许三多则属于那种愚钝、不机灵但可以“一根筋”走到底的人，他身上有很多精明人已经丢弃的精神，比如诚实、守信，比如坦率、真诚，比如笃定和坚持。越是精明人多的社会，这种实诚和“一根筋”越显珍贵。

罗曼·罗兰在《米开朗琪罗传》中说：“世界上只有一种英雄主义，那就是在认清生活的真相后依然热爱生活”，我挺认同这种“英雄主义”的。

备战高考之前，我不知道这世界可能会存在诸多不公，我相信“努力一定会有回报”，所以，愿意全力以赴；现在，当我们见识过这世界残酷的一面后，依然愿意去顽强拼搏，那么，这种精神就更显可贵。

如今，每次感到迷茫和困惑时，每次遭遇困境和不公时，我都会想起备战高考的那段时光，仿佛能听到当年的自己告诉现在的自己：不要怕输，不要计较不公平。顽强逆袭的精神，永远不要丢，也不能丢。

我希望用它来激励我走好接下来的人生。

第二章

改变认知方式，走向逆袭之路

你不是没时间，你只是懒

（一）

总有读者和我说："羊羊，你既要创业，又要带好孩子，而且你是单亲妈妈，家里家外事情一定很多吧？居然还能抽得出时间来写作，甚至保持每天三千字的写作量。我得向你学习时间管理。"

说真的，每次看到这种留言，我都觉得很汗颜。

读者们所不了解的是：几年前，我是一个拖延症患者。遇到的事情只要不是那么重要和紧急，我就会拖延；某个任务我觉得做起来比较辛苦或是难度太高，我也会拖延。

经过十几年的职场历练，我学会了先分清楚事情的轻重缓急，再为不同的事情分配不同的时间、精力。比如，重要并紧急的事情，马上去做；重要不紧急的事情，专门腾出一段整块的时间去做；紧急但不重要的事，可以请人代做；不重要也不紧急的事，利用碎片时间去做……

我曾经以为自己把这一套时间管理法执行得很好，直到离职创业后，每天面对的事情千头万绪，我发现自己哪怕每天连续工作 15 个小时依然忙不完手头的事情，才发现自己的时间管理有点问题。

很多时候，我看起来的确很忙，但那是一种“假性忙碌”状态，本质上还是属于“磨洋工”“假勤奋”。我每天起得比鸡早，睡得比狗晚，不打游戏不追剧，吃饭从来速战速决，每天忙忙碌碌，工作效率却不是很高。有时候，我的这种忙碌状态，只是感动了自己。

比如，我总改不掉手机一有新消息就去看的坏习惯，后来我发现：遇到紧急事务，人家会直接给我打电话；一般性消息，我统一在一个时间段内集中回复是完全可以的。一有消息就去看手机的行为，会中断我正在做的事情，导致我完成那件事情所花费的时间变长。

又比如，我可能会边陪孩子边回复工作信息。我理所当然地认为，同时处理这两件事，不正是提高效率的好办法吗？但事实的结果却不乐观，因为我既没把孩子陪好，也没把工作安排好。最终，我还会被内疚感俘获。

还比如，为图一时省事、省时，我拖延着不去做文件管理、家居收纳工作，导致后期查找、检索资料或找寻物件花费了比较多的时间，欲速则不达。

某些时候，我生活作息不规律，到了睡点却拖延着不肯睡觉，而是躺着刷手机，看一些毫无营养的内容；有时早上醒来，我又会赖床，导致自己非但没休息好，还得另找时间去洗漱、吃早餐、做清洁和工作。这样一天下来，我就根本没有时间去锻炼。

每次看着自己身上的赘肉，我都给自己找借口："我这不是没有时间嘛。"

朋友听了，总会问我："每天花半个小时运动就好了啊，你半个小时的时间都抽不出来吗？而且，对于脑力劳动者来说，运动其实是最好的休息。"

我当然不是抽不出时间锻炼，也不是不明白健康的体魄、充沛的精力对人的重要性，我只是懒，只是想拖延。我觉得运动是一件比较辛苦的事，不如躺在沙发上玩手机来得舒服，于是就选择了拖延。

拖延，其实是逃避的变种，它正巧迎合了人类好逸恶劳的本性。人类天性里有好逸恶劳的一面，大家都爱逃避问题、懒惰、短视，自视甚高，很难脚踏实地、久久为功。而那些能够从人群中脱颖而出的人，几乎都是能克服这些本性的人。

（二）

前段时间，我认真地总结了一下自己时间管理不够高效的原因，主要在于以下两个方面：

第一，过于信奉“统筹方法”，试图“一心两用”。

我们初中的时候学过一篇题为《统筹方法》的课文，作者是著名数学家华罗庚。这篇文章让我明白了两个道理：其一，要想提高工作效率，就要懂得抓住工作流程中的重点，而那些次要环节可以合并。其二，巧妙地安排工作次序，可以省下来很多时间。

举个例子：早上起床后，我们上厕所需要 2 分钟、洗漱需要 4 分钟、煮鸡蛋需要 6 分钟，做这些事情的顺序应该怎么安排？

如果先上厕所，再洗漱，然后煮鸡蛋，总共需要花 12 分钟。但如果我们把这些事情“统筹”一下，先把鸡蛋放进锅里煮，然后去上厕所，再洗漱。从洗手间出来时，鸡蛋也正好煮好了，整个过程只需要六七分钟，节约了将近一半的时间。

这样的方法对我们合理安排时间当然很有借鉴意义，但它有一个前置条件：这种利用时间的统筹法，只有在其中一件事情已经驾轻就熟到不需要动脑、可以无意识地完成时，才能发挥作用。

比如，我们可以边走路边跟朋友聊天，边洗澡边唱歌，边打电话边如厕、边坐车边听书。但我们开车的时候可以看书吗？显然不行，因为这两件事情都是需要集中注意力的。

以前，我总希望“一举两得”，结果却“赔了夫人又折兵”。

一件重要事情的完成，最需要的恰恰是专注力。你集中注意力、时间段，把一件事情一鼓作气做好，往往能达到事半功倍的效果。

高效的时间管理，还包括要把握事情的优先级，不让琐事占据大部分时间，导致重要的事情反而没时间做。

现在，很多年轻人依赖电脑、手机处理工作，但实时通信工具、社交软件、短视频 App、网站弹窗等等，会争先恐后地抢走你的注意力。如果每弹出来一条消息，你都要去关注、回应，那会很浪费时间，导致你没法专注地去完成你该做的工作。此时，我们应该关掉所有的通知，自觉屏蔽这些干扰，把注意力集中在我们要做的工作上。当你把重要工作完成后，再拿出一小段时间来集中处理刚刚应该要处理的消息，可以大大提高时间的利用率。

我有一个很受益的小习惯：没有时间马上回复的微信、短信，我就不点开看。等有时间回复了，再逐个点开看完，并当即回复。

让信息处于“未阅”状态，能提醒我一有空就快逗地回应、处理。如果每次看到信息，我都立马回复“我在忙，一会儿回复你”，会产生三个不良的后果：第一，对我正在做的事情形成干扰；第二，我回应人家的，是人家并不需要的无效信息；第三，很有可能等我把手头的事情忙完了，也就忘了回复了。

把你 80% 的时间花在能产生高效益的 20% 的事上，把剩下 20% 的时间留给低价值的活动，你会在时间管理方面从容很多。

第二，太过追求完美，以至于有时会有“破罐子破摔”的心理。

很多事情，我还没有开始做，就开始在心里打退堂鼓。一想到某个任务难以完成，或是在完成过程中觉得自己的表现不够完美，我就会产生畏难情绪，接着就习惯性拖延。

在减肥这件事上，我便是老幻想这事儿可以“速成”，幻想着自己也能创造“一个月瘦 30 斤”的记录。可是，当我实施减肥计划几天，发现事情并没有朝我预想的方向发展，就开始泄气了。

然而，很多事情是循序渐进发展的，“量变”不积累到一定程

度，就根本不会实现“质变”。如果我们太过追求效率和完美的结果，以至于一发现事情做得不尽如人意，就陷入焦虑和自我攻击中，进而产生“破罐破摔”的心理，那很容易前功尽弃，前期的积累也会化为乌有。

事实上，很多看起来很困难的事情就像是一场登山比赛。开始时，因为种种原因我们可能落后于别人，可能还会受到各式各样的质疑。但是，如果我们不去想这座山到底有多高，不去分析自己的登山姿势够不够酷，只想着“管它呢，我先把这一步爬上去再说”，也许不知不觉中，我们就已经到了山腰乃至山顶。

发现自己达不到理想中的状态就开始自我攻击，其实是一种无意义的心理内耗，是自我要求过高。一旦事情有所不完美，“破罐子破摔”的心理就开始占据上风。很多人遇到点挫折就想打退堂鼓，迷信“好的开头是成功的一半”，动不动就暗示自己“现在努力已经来不及了”，说到底是对自我的认知存在偏差，无法接纳那个不够自律、不够勤奋、没能把事情做得滴水不漏的自己。

胡适在担任北京大学校长时，曾有学生向他请教：“书海无涯，我们对此应该持什么态度？”胡适说：“怕什么真理无穷，进一寸有得一寸的欢喜。”认识到这一点之后，我发自内心地觉得：完成比完美重要。把某件事完成了，我们就已经创造了一个小奇迹。

如果你想写小说，那就马上提笔去写并且坚持下来，不要因为小说人名没取好、人物设定脸谱化、某些细节无法自圆其说就半途而废，说不定，等你写到第二、第三部小说的时候，你的写作技巧就趋于圆熟了。此时，你已经完成了三部小说，总比你一直“临渊羡鱼”却连一部小说都没完成的好。

不管做什么事情，遇到困难是再正常不过的事，此时不要轻易放弃。困难只不过是一个需要我们解决的问题，不是我们个人价值或能力的反映，遇到困难并不等于我们“不行”。先把“大事情”完成，再回过头来解决“小困难”，也是一种好策略。

（三）

时间对每个人而言都是宝贵的。我们每个人从一出生就在向死亡迈进，每过一分钟都是生命的倒计时，如何在有限的时间中做更多更有意义的事情，值得每个人深思。

一个人如果能活到70岁，那将拥有25500天的生命。除去睡觉、吃饭等必须耗费出去的时间，我们每个人拥有的时间并不是很多。

有的人浪费、拖延、耽误时间，不是玩就是混，而有的人则抓住转瞬即逝的机会，在有限的时间内创造了更高的价值。

人与人的差距，就体现在“如何对待时间”“如何有效地利用时间”上。

选择懒惰和拖延，对当下的自己来说当然是一件很舒适的事，但从长期来看，它真的会降低我们的自我满足感、成就感和幸福感，而真正的幸福、自由、成就感，只能从自律中产生。

那么，如何战胜懒惰和拖延？我这里有几个“小战术”跟大家分享：

第一，养成“有事马上办”的好习惯。

职场中，我们都特别怕跟那种说话做事极不爽利的人打交道，他们浑身上下都有种懒洋洋的气质，永远一副迷迷瞪瞪、不在状态的样子。你跟他沟通个什么事情，他回复你“哦”一声，就再没有下文了。你再去催促，他会给你一个含混不清的答复，要不就各种推诿，待他把“皮球”成功踢出去之后，就又进入类似梦游的状态。

这类人不仅仅是时间管理能力不行，工作态度更是有问题。他们往往很难在社会上取得长足的发展和进步，只会把自己的路越走越窄。我们要极力避免自己成为这种人。

如何避免？我给出的答案是：遇到问题，马上去解决；该去沟通的，马上去沟通；接到工作任务，马上去做。

永远不要想着这些事儿可以拖延过去、糊弄过去，因为你现在所有偷的懒，终将变成打你脸的巴掌。

有句话这样说，“种一棵树最好的时间是十年前，其次是现在”。任何时候开始学习、工作、改变坏习惯、开启新征程，都不算太晚。

第二，不要先给自己设立一个模糊而抽象的宏大目标，先确立一个操作性强、容易坚持下去的小目标。

你确立的目标可以是“今晚十一点前，我要收拾完衣橱”，而不是“十年后，我要成为一个资产上亿的富婆”。

如果你觉得完成一篇毕业论文是一项大工程，那你可以将任务分解成：今天先完成第一章。

如果你有一段空闲时间，但这点时间又不够你完成一件事情，那请尽量不要暗示自己“这点时间我能拿去干吗呢，什么都做不了，算了吧”，而是可以换个角度思考：“这件事的哪个部分，我可以利用这点时间去做完呢？”

比方说，你最近需要写一个方案，写这个方案保守估计需要耗时一天。你把今天的工作都完成了，还剩下两个小时的时间，那你完全可以把这两个小时拿来搜集相关的素材、资料，做好写方案的基础性工作，第二天写方案时效率会更高。

第三，做事的时候集中注意力，不在状态的时候不做事。

工作效能和工作时长不一定呈正比。很多人花在学习、工作上的时间特别长，但学习成绩、工作成果却不尽如人意，就是因为他们在学习和工作的过程中不在状态。

普通人的注意力非常有限，聪明人或是经过训练的人能集中注意力的时间稍长一些。如果我们能在有限的“注意力时间”内，心无旁骛地完成工作，那么，单位时间内你的工作效率会更高、工作效果也会更好。

若是你无法在“注意力时间”内做到专心致志，那么，别人花 60 分钟能做完的事情，你可能需要花上 600 分钟，而在这 600 分钟的时间里，可能有 400 分钟你完全不在状态，那么，这 400 分钟的“假性忙碌”就是在浪费生命。

需要注意的一点是，拖延症和休息是两回事。我们需要休息，需要休闲娱乐，而有些无意义的拖延、“不在状态”的忙碌，反而还会影响我们实现有效的休息。

加强时间管理，在该做事的时候就把精力集中在最有意义的事情上，是为了避免自己像无头苍蝇一样瞎忙。

一天只有24小时，要工作、要带娃、要做家务、要学习、要锻炼、要吃饭，还要睡觉。仔细想想，时间的确不够用，挤一挤时间就会多出来吗？不会。

时间不是挤出来的，而是在最有价值的时间里做了最有价值的事情被利用出来的。如果不想让自己变得那么辛苦，最好的办法就是提升一天24小时的时间使用质量。

第四，别高估自己的意志力，主动把自己投入有约束力的环境中。

高效的时间管理，就是要跟自身的惰性作斗争，不是光有意志力就可以，还需要环境的加持。

大概率上，你去瑜伽馆跟着教练、学员一起练瑜伽，比在家里自己练更容易坚持下来。如果你为此付了费，付出了时间成本，那你能把练瑜伽这事儿坚持下来的概率就又大了一些。

说到这里，我想分享自己的一个小故事。

从体制内单位辞职后，我先是在家里上了小半年的班。在家里上班那几个月，我真觉得效率挺低的。一进卧室，看到床，我就想卧倒。一进厨房，我就想翻冰箱。一走到客厅，就去茶几上翻找零食。从书架旁边经过，我就忍不住去翻书。太阳出来了，我就想跑去阳台上晒太阳。父母催饭，哪怕我工作干得再起劲，也得暂时放下手头的事去吃饭。吃个饭回来，再把之前的工作思路接起来，这可比一鼓作气干完再吃饭更耗费时间。晚上小孩放学，回到家里必得跟我分享一天的学习、生活……

一天的时间哗哗哗就这么流走了，我老嫌自己的工作效率太低。

把公司搬到我家附近后，我有了自己的办公室。我每天按时上下班，和公司的同事们一起战斗，顿时就变得自律多了，工作效率也提高了许多。

如果我预感到自己在完成某个工作任务的过程中可能会产生畏难心理，我就事先承诺别人，并确定一个交任务的时间节点。为了不让自己留给别人“不诚信”的印象，我会快马加鞭督促自己在某个时间节点之前把任务完成。

人是环境的产物。“蓬生麻中，不扶而直；白沙在涅，与之俱黑”是客观规律。荷花看起来纤尘不染，但它的根系也是扎在污泥里的。

我们相信人有内在的生长力，有“任尔东南西北风，我自岿然不动”的定力，但大多数人只是普通人，都有可能遭遇“树欲静而风不止”的无奈和尴尬。低估环境对一个人的影响力和塑造力，从某种程度上也是“自大”的表现。

自律，很多时候是需要外部环境支持的。“咬定青山不放松……任尔东南西北风”是自然现象，但是，如果风太大了，长在石头缝隙里的竹子也会被吹倒。

“天定胜人”，太认命；“人定胜天”，太傲慢。“明知山有虎，偏向虎山行”，才是真正的勇敢。先承认自己意志薄弱、容易受诱惑，并靠远离诱惑的方式来实现自律，才是正解。

我也知道，以上时间管理“战术”或许能让我们做事更有效率，但它不能解决一个人在时间管理上的所有问题。

任何“战术性策略”，都只是“治标不治本”。真正能“治标”的，是“道”的层面的东西。“道”通了，“术”才通。只有意识到时间管理的重要性，拿出“时不我待”“只争朝夕”的态度去生活，以上策略性的战术对你而言才有意义。

时间对我们每个人而言都是不可再生资源，都是稀缺不可替代的，我们的时间用在哪里，成果就出在哪里。提高单位时间的效能，我们的时间才更值钱。

我们不能决定生命的长度，但可以决定如何去使用上苍赐予我们的这些时间。从现在开始，改变自己的惰性和拖延，也许我们的人生真的会不一样呢。

不做被消费主义绑架的“新穷人”

（一）

我出生于中国西部几乎最贫困的乡村，从小饱受物质匮乏的困扰，导致我十分节俭。学生时代，家里穷，父母也是各种省吃俭用，甚至连生了病都拖着不肯去看，我怎么好意思多花钱呢？

参加工作后，我也保持了勤俭节约的习惯。为了偿还大学时欠下的国家助学贷款，我的日子过得紧巴巴的，平时都不敢乱花钱。

除了空调这个夏日必需品，我几乎没购置过其他像样的家电，甚至连洗澡用的热水，都是用“电热棒”烧出来的。有一回，我忘记拔掉插头，差点引起火灾。我甚至都没有买洗衣机，愣是坚持手洗衣服，哪怕冬天也是如此，而且这个习惯一坚持就是好几年。

事后想来，我觉得当初我对自己这么苛刻实在没必要。买个好点的热水器就是在买安全，买个洗衣机就是在买时间，可我当时就是脑袋转不过弯来。

我的这种节俭，跟父母传达给我的观念密切相关：“钱是省出来的”。

多年的清贫生活让我从来不怀疑这一点，所以，二十来岁时我对价格非常敏感：能在家里吃饭绝不下馆子，出门能坐公交绝不打车，买泡面能买袋装的绝不买桶装的，甚至连外出郊游我都会提前用空矿泉水瓶子装好凉白开……

当然，那时的我只是对自己“抠”，我请别人吃饭从不会心疼钱，我资助贫困生的事儿也一直没断过。相比消费，我好像更享受攒钱的乐趣，看到银行卡上的余额一直往上涨，即使幅度不大，心里也是美滋滋的。

提前还完国家助学贷款后，我如释重负，头一次体会到了什么叫作“无债一身轻”。

没了债务压力，我有过一段“放纵”的日子。手里头忽然有了点可供我随意支配的钱，不需要赡养父母，也没想过要买房子。所以，我也当过一段时间的“购物狂”。

有几个月，我天天在买东西，越买越来劲，买到根本停不下来，哪天没购物就觉得心里空虚。某天下班之后，广州下大暴雨，街道上的雨水有好几寸深，我和朋友竟还是冒着大雨，转几趟公交，去离宿舍很远的步行街去逛。那几个月里，我银行卡的余额一分都没有往上涨。

某天，我听闻一个同学的父亲出车祸进了医院，可同学却连住院的钱都筹不出来，只好到处去求爷爷、告奶奶地借钱。这种事情，若是在电视里、报纸上、网络上看到，我可能会觉得它只是一条新闻，离自己很远，但当它真真切切发生在身边人的身上，却给我带来了非常大的触动。

我当时就在想："如果我任由自己这么消费下去，会不会到了哪天我家里人生病时，我也和他一样被动？"

我开始反思自己的消费行为，并开始记账。

记了一个月账，我发现自己花每一笔钱的时候都没什么特殊的感觉，但这些小钱集合起来，到了月底再看，就是一笔不小的数目。

到了第二、三个月，我开始下意识地遏制自己的购物欲。比如，有些暂时没必要买的东西，就先不买；如果下个月还想买，就买进来。可就是这样，到了那一年年底，当我从记账本上看到当年的消费总额时，还是大吃一惊：我都已经省成了这样，一年还是花掉了将近12万！

也就是从那一年开始，我才真正感受到了“节俭”的魅力。保持这种节俭的习惯，也让我终于攒够了30万元的首付钱，买入了我人生中第一套房子。之后，广州房价一路飙涨，当初那30万元的首付，撬动了300万元的房价涨幅。我很庆幸自己当初在没啥开源渠道的前提下，靠节俭攒下来了那笔首付钱。

也就是从那时候起，我好像活得更加“断舍离”了。虽然有时候也会花高价买一些自己根本用不着的东西，但总体来说还算比较理性的。比如说，我会设置一个消费额度：日常生活消费不得超过月收入的30%，剩下的70%拿去做点别的，比如房贷、理财、教育、投资，等等。那30%的消费基金，只要不大手大脚花，应付一个小家庭的基本开销已是绰绰有余了。

这个习惯，直到今天我依然保持得很好。

（二）

说到消费习惯，我想跟大家分享我一个闺蜜的故事。

我和她出身相同，父母都是给不了我们什么经济助力的，但我们俩在消费观念上差别很大。

她提倡“女人一定要舍得给自己花钱”，消费起来从来都是大手大脚。别人花钱如流水，而她花钱似雪崩。每个月工资刚发下来，就被她拿去买了衣服、包包、化妆品。

心血来潮她会买一大堆水果，买回家又吃不完，任由它们全部烂掉，最后只能扔掉。我买香蕉，一般只买两根，因为我就只吃得完两根。她呢，一买就是一大串，因为买一大串的话，香蕉单价会更便宜。

买蛋糕，我只买一小块，她买一整个，说是把一整个蛋糕买回家，看着比较喜庆。出去吃饭，她一点就是一大桌子饭菜，恨不能每个菜都尝一遍，最后总是吃不完，由我打包回家。

我问她：“为啥这么浪费啊，不心疼钱吗？”她回答我：“以前穷怕了，现在好不容易有点小钱了，当然是想怎么花就怎么花了。”

我们是同一年参加工作的，参加工作后的五年内，我们俩的收入不相上下。但是，当我参加工作五年后，突然拿出 30 万元首付款买房子时，她还是被吓了一大跳。

她跑来问我：“我们俩差不多的收入，父母也都没法支援我们，你怎么攒下来这么多钱？而我，怎么一分钱都存不下来？”

我回答她，我都参加工作五年了，除去第一年要还国家助学贷款，剩下四年平均每年攒个六七万元还是有可能的。不信，你可以尝试把你每天花出去的钱都记个账，一年下来你那个消费数据是很惊人的。

于是，闺蜜开始认真去记账，一个月后她告诉我："天哪，我真的想不到上个月我花了那么多钱。我花出去了一万五啊，可是我感觉我什么东西都没买，信用卡还透支了五千。"

只可惜，闺蜜没能把记账的习惯坚持下来。两个月后，她又忍不住"买买买"，又成了"月光族"。她说自己完全无法控制住消费欲望，节制消费她毋宁死，而我也只能感慨：一样米养百样人，人和人之间消费观念的差异实在太大了。

现在，我也不是不喜欢购物，而是我喜欢买的东西和其他女孩子喜欢买的似乎不大一样。我对衣服、包包、鞋子、首饰、护肤化妆品、美容用品等都不怎么感兴趣，也不迷信名牌，不买奢侈品，所以，在这些方面很少花钱。

在我看来，赚钱是创造，花钱是消耗。创造让我产生"我在努力活着"的价值感，我确实已经过了靠"买买买"才能取悦自己的人生阶段了。

（三）

这个社会总是在倡导“会花钱”，说是“会花钱的人才会赚钱”。的确，舍得花钱，有时候反而是在“节约钱”。如果我们花几十块钱买一件质量不怎么过关的商品，还不如花几千块钱买一个质量过硬、售后服务良好的商品。都说“一分钱一分货”，长期来看，肯定是贵的更值得。

这么多年来，我一直在调整自己的消费习惯，在自己力所能及的范围内会给自己和家人买好的，但从来不会轻视节俭的力量。

你要知道，有些消费其实是不必要的。我们需要它，很多时候只是“心理上需要”，而不是“生活中真需要”。

就拿我那个闺蜜来说，这两年她才开始反省自己的消费观，并开始下意识存钱。她曾对我说：“以前，我喜欢去理发店洗头，喜欢在水果摊买一大堆自己根本吃不掉的水果，更多是在寻求一种‘被别人捧着’的感觉。我看到女同事背了一个新款包，就想买一款更新的，把她比下去。我无法忍受独处的生活，无法忍受别人抢了自己的风头，所以要靠消费把内心的这种空虚填满，让自己的虚荣心得到满足。”

闺蜜说的这种与消费有关的“虚荣心”便是“心理上的需要”，

我们一不小心就会掉入这种“消费主义陷阱”。

十几年前，手机替代传呼机、固定电话成为新型通信工具。我一个开小旅馆的叔叔看身边一帮朋友都买了手机，不想落后于人，寻思着要买一款一拿出来就能亮瞎别人眼睛的手机。

在看了一个电视广告后，他拿出家里一半的积蓄订购了一个据说是外壳镀了金的手机，还花好几千块钱买了一个连号手机靓号。那会儿，手机通话资费还比较贵，但他成天给哥们儿打电话侃大山，一侃就是几个小时。

买个手机他都如此招摇，买其他物件就更是了。那会儿他们家连买电视机都是全村尺寸最大的。所有人都觉得他很有钱，但只有他老婆知道，家里的存款还有多少。

再后来，他的小旅馆因为资金周转不畅，开始亏本。他不得已把小旅馆盘出去了，可转让费还不够他还债的，而当初他买的手机、电视机，后来全都成了“古董”。他这就是典型的“为虚荣心买单”。

（四）

人越是成熟，越是认可“断舍离”的消费观。

“断舍离”是日本杂物管理咨询师山下英子提出的概念。所谓“断”，是不乱买、不收取不需要的东西；“舍”，是处理掉堆放在家里没用的东西；“离”，是舍弃对物质的狂热迷恋。

消费，很多时候真的只是一种“心理行为”，我们实际上并不需要消费那么多的东西。

之前我也老喜欢买一些花里胡哨的物件，可用久了才发现，其实常用到的功能也就是些基本功能，买个“基本款”也就够了。

比方说，以前买电饭煲，我一听商家说这锅可以煮粥、煲汤、做蛋糕、蒸馒头，就特别兴奋，大手一挥买回家，结果那款多功能电饭煲我真的只是拿它来煮饭。买微波炉也是，一听说它还可以做烧烤、煲汤、做爆米花，我立马掏钱买，结果买回来几年后我就只是用它来加热。

买保险，我们原本是冲着买个保障去的，结果一听这款产品可以分红、那款产品可以储蓄，我们立马就“倒戈”了，忘记自己到底是冲着什么来的了。事后才发现，这样的保险产品，其保障功能反而减弱了。你真想拿分红、真想储蓄，还有很多比保险更合适的金融产品可选择。

意识到商家有时会给一些原本实用的物件上面附加各种看起来

花哨但实际上没啥用处的功能，只是让我们形成“一物可多用”的心理幻觉后，我买东西时就“返璞归真”多了。

前段时间，我跟孩子一起去挑书桌，看到各类书桌附加了什么升降、护眼、护脊柱和护臀椅子、调节桌面倾斜度、计算、时钟、音乐等功能，价格好几千甚至上万元不等……

一看到这些书桌，我立马在脑子里想象出来这样一幅场景：孩子做作业时不专心，转而去研究桌椅的各种功能。那些多出来的功能，对她的学习没啥帮助，反而会对她形成干扰。她研究一段时间后，腻歪了，冷静了，那些附加功能也就被弃之不用了，多功能桌椅终将会变成普通桌椅。

既然如此，那我干吗不直接买张实木的普通桌椅？于是，我说服女儿只买了一套普通桌椅。

买车时，我也基本遵循了“实用不花哨”这一原则。

我觉得，买东西也要学会“不忘初心”。让我们所买的东西最大限度发挥我们最看重的价值，就是对它、对钱最大的尊重。

（五）

这几年来，“会花钱的人，才会挣钱”“钱只有花出去了才算是你的，要不它就只是银行卡上的一串数字”等观点在网络上盛行。在这种价值观的影响下，有些人沉迷于消费，他们刷爆信用卡、背负上沉重的债务甚至惹上高利贷都在所不惜，他们把“钱是赚出来的，不是省出来的”话挂在嘴边。然而，你只见他们消费，不见他们想办法去赚钱。

在“负债消费”时代，一些年轻人不再把节俭视为美德，有些人甚至竟以“节俭”为耻，但是，我觉得他们是不是对“节俭”两个字有什么误会。

节俭，不是抠门儿，不是让你不购物，也不是让你像父母辈一样舍不得扔掉一些占地方但没多大用处的东西，不是让你做那些有损生活质量的事情，而是希望我们在保证生活质量的前提下，尽可能地做到不浪费。

比如，不要贪便宜冲动购物，没必要为了攀比和满足虚荣心而购物，尽量买那些买回来之后不会闲置的东西；有多大的胃，我们就买多少食物，不然容易造成浪费，浪费是对食物的不尊重；尽量买环保的东西，哪怕多花一点钱，因为它的理念很珍贵，而且不会造成更大浪费（拿玩具为例，需要用电池的玩具虽然买进来时很便宜，但用起来其实更贵）。

节俭，不是不消费，而是要理性消费，尽量不要负债消费。只有理性购物，我们才能享受到消费的快乐。记住，绝不要成为物质的奴隶，因为物质欲望是无止境的。你要让金钱、物质为你所用，而不是让自己成为供养它的奴隶。

节俭，同时也包括“把钱花在刀刃上”。那些能提升自己技能、节省自己时间、提高工作和生活效率以及投资健康、特长的钱，你要舍得花。

英国利兹大学和波兰华沙大学社会学教授齐格蒙特·鲍曼在《工作、消费与新穷人》一书当中提出了“新穷人”的概念。按照齐格蒙特·鲍曼的定义，在消费社会里，新穷人是“有缺陷的、有欠缺的、不完美的和先天不足的。换言之，就是准备不够充分的——消费者”。

也就是说，无论你有多少钱，只要你的消费欲望战胜了赚钱能力，你的收入跟不上购物欲望的增长，那你就是被消费主义绑架了的“新穷人”。

如何避免自己成为“新穷人”？

第一，学会节流。改变冲动消费的行为，量入为出，理性花钱。

第二，积极开源。提升技能，努力增加可支配收入。

一些人因为有过物质匮乏的经历，一旦经济条件改善后，就容易掉入消费主义的陷阱，比如看到东西就想买买买，哪怕买回来不用，也要囤着，仿佛只有这样做，自己才有安全感。可是，经历过“物质过剩”阶段以后，人们的消费习惯趋于理性，越来越多的人更愿意追求一种更“轻盈的生活”，越来越多的人正在实践“断舍离”。

也许，当你哪天发现“赚钱比消费更有趣”，发现不被物质绑架的生活很轻松、很自由，你就获得了一张通向更高一层人生境界的通行证了呢。

你要有省钱的脑子，也要有赚钱的胆子

（一）

我一直提倡勤俭节约、适度储蓄，是因为它是一种好习惯。哪怕你每个月能省出五百元用来做正确的投资，多年以后也可能会积累下来一小笔财富，但是，我从不主张过分省钱，因为我也认同“钱是赚出来的，不是抠出来的”这种观点。

在有可能让你获得更多收益或是能保障你生命安全、身体健康的事情上，该花的钱不能省。比如，我们可以不穿名牌，但你要是拿钱去投资自己时，就别吝啬钱；平时在家里可以省着点花，但出行时要舍得花钱买安全、买保障。

不是不花钱，而是要把钱“花在刀刃上”。

我爸妈就是“过分省钱”的代表，但他们节省了一辈子，穷了半辈子。

也许是穷怕了，他们恨不得把省钱这事儿做得密不透风，“拼命省钱”已经成为了他们烙在骨子里的习惯。

我小的时候，我妈会为了省两块钱的车费钱，宁肯背着沉重的行李跋涉整整半天。

前段时间，我跟我妈分析：“你想过你们那么节省，却依然那么穷的原因没有？隔壁大伯以前也跟我们家一样穷，但到了 90 年代他们为啥把我们家甩在后面了？因为他出门就舍得花这两块钱，然后就在车上认识了那些跟他一样舍得花两块钱的人，并且经他们介绍找到了好的工作，挣到了远远多于这两块路费钱的钱。人家懂得花钱买信息、买人脉，你们只懂得省钱，结果呢？越省越穷。”

我妈说：“那赚不来钱，不节省怎么办？不节省，不就更没钱了？”

我顿时没辙了，因为我分析了一大堆，她还是无法跳脱出固有的思维惯性去考虑赚钱的问题。现在，我妈一听说哪儿的东西便宜，便不顾路途遥远、不辞辛劳地去排长队，为的是能节省一点小钱，可这样一来，她花费掉的是宝贵的时间和做其他事情的机会成本。在人流熙熙攘攘的交易市场，她没法冷静下来思考，更容易冲动消费，有时候会买回家一堆没用的东西，反而造成更大的浪费，实在是得不偿失。

“人一旦有了一个省钱的脑子，就不会有精力培养一个赚钱的胆子，所以，你会穷得很稳定。”第一次在网上看到这句话时，我感觉自己像是被一颗子弹穿心而过。是啊，整天想方设法省钱过日子的人，思维固化、僵化，不大可能产生大格局、大创意、大计划，自然也就会与赚钱的机会擦肩而过。

造成贫困的原因有很多种，社会的、经济的、政治的、机缘的，不一而足，但这些都是外部环境带来的影响。对个体来说，尝试着解放思维，改变自己的财富观，炼就“赚钱的胆子”，才是实现财富逆袭的秘诀。

（二）

我是从社会最底层一步步爬上来的，小时候过得特别贫穷、困窘。如果说我现在所处的阶层是第60层，那我看过从第1层到第60层的众生百态。我身边的很多人特别勤劳，特别能吃苦，特别能节省，却一直受穷。

分析这些“一直勤劳，但一直不富裕”的人的心态，我发现他们有一个共同点：他们并不是真的渴望财富。

看到这里，也许你会觉得很疑惑：这世上还有人不渴望财富的？

是的，真有人不渴望财富。很多人只是“很需要钱”，但并不是真的“渴望钱”。

人人都想得到更多的钱，但是很多人潜意识里却习惯了自己“穷”，并且，安于受穷。他们不相信自己能拥有更多的财富，甚至潜意识里排斥财富、痛恨金钱。

这种潜意识的形成，有时代的原因，也有个体的原因。

我三姨一直生活在云南最偏僻的山村，那个村子这几年才终于通了公路。前几年回乡，我开车去探望她。她已经完全不懂我的世界，但还是挂念着我，说了一些让我珍重的话。在那些话中，有一句让我无比震惊：“你要少赚点钱，如果你的福气压不住那些财富，可能会给你带来灾祸的。”

我一愣，随即感到有点心酸。三姨一辈子穷惯了，这可能就是她的生活哲学，她就是靠这种自我安慰法和阿Q精神，缓解了“别人赚得盆满钵满，而自己一辈子受穷的现象”带给她的心理冲击，化解了贫乏带给她的烦恼。

可也正是这种“不配得感”，让她一生贫困，兜里多几块钱就开始惶恐、不安。有时，穷人的这种“不配得感”发展到一定程度，就变成“道德优越感”。

还是拿我爸妈为例。

我爸妈一辈子为钱的事情发愁，没体验过有钱的快乐，但却出奇一致地仇富、恨钱。

他们常挂在嘴边的一句话是：“有钱就了不起吗？你知不知道有个词叫作‘为富不仁’？”就连儿女择偶，他们的观念也是：“钱不钱的不重要，对你好就行”。

两个人穷了一辈子，没跟真正有钱的人打过交道，却从小给我灌输“有钱人良心不好”的认知。

我估摸着，他们是把自己列为“良心好”的那一类人，而自己刚好是穷人，就轻易得出了这种带有强烈自恋性质的结论。想变有钱太难了，但“良心好”却可以轻易达到。通过“有钱人为啥有钱？还不是因为良心不好”这种想象，他们确实能快速找到某种道德优势，以满足自恋。

当我慢慢长大，开始以自己的方式去探索世界，随后我发现：古今中外，一小部分人变得有钱，靠的是没良心、不择手段，但大部分人变得有钱，还是因为聪明、做人的格局宽大。

钱是怎么来的？是靠交换价值得来的。没有人愿意长期跟一个自私、鸡贼、没良心的人交换价值。绝大多数有钱人之所以会有钱，是因为他们懂得洞察人性，懂得举一反三，懂得留有余地，懂得以退为进。

当我发现了有钱人的聪明之处，再反思父母灌输给我的价值观，便能发现穷人之所以会穷的一部分原因：拒绝面对真相，拒绝接受事实，擅长阿Q式精神胜利法，只以自己认定的逻辑去理解和解释整个世界。看到一个有钱人，第一反应不是研究别人怎么变有钱的，不是思考“我可以向对方学习什么”，而是“他有什么了不起，还不是靠没良心才发的财”。

那些择偶时动不动就斥责别人拜金，而不是反省自己该怎样去多赚点钱的人，本质上也是一样的。站在道德高地骂相亲对象、伴侣拜金、虚荣，可以完美地掩饰自己在社会竞争中永远居于下风这一可怜的事实。

他们真的渴望财富吗？不是的。他们需要财富，但是在心态上却在拒绝财富。他们身上最缺乏的，就是“我配得起财富”“我值得拥有财富”的笃信以及“我敞开胸怀欢迎财富到来”的格局。

财富只会流落到渴望它的人身上，它没有长脚，但当一个真正渴望它的人在召唤它时，不管与渴望它的人相隔多远，它都“听得懂”，并以恰当的方式朝渴望者奔来。

（三）

怎样炼就赚钱的胆子？我觉得秘诀之一，就是要有长线思维。

普通人往往只满足于现状，只能看到眼前利益，而成功者则善于利用长线思维，立足长远，着眼全局。

赚钱好比取水、抓鱼，有人去山里挑水、水里抓鱼，追求立竿见影的赚钱效果；有人先修管道再引水下山，先造鱼竿再放长线钓大鱼，卧薪尝胆，深谋远虑。

有钱人大多是会修管道、造鱼竿的人。这中间，他们可能要忍受很多天没水喝、没鱼吃的日子，但吃完这些苦头，他们往往能赢来一个丰盛的回报。

比如香港富豪刘銮雄，当初为“修管道、造鱼竿”拼了老命。他靠着去非洲跑水货，赚回了几百万——当时非洲到处战火连天，刘銮雄是用命赚回来的这笔钱，而做这笔生意的本钱还是他岳母从银行贷款来的。随后，他用赚来的这几百万在香港开了一个风扇厂。创业初始，刘銮雄干活非常拼命，常常跟工人一起干到半夜，每天睡眠严重不足……这才有了后面的“发迹”。

这样的创业故事，一抓一大把。某些人之所以变得有钱，就是因为不满足于几块金子，而是想搞定一座富含金矿的金山。

电影《华尔街之狼》里，男主角的妻子问他："你为什么不去骗有钱人而去骗穷人？"男主角说："你傻啊，有钱人的钱那么好骗吗？穷人之所以穷，是因为他们不但愚蠢，而且还贪婪。"

很多人看到这句话，估计想哭死在厕所。穷人本来就穷了，但因为相信"天上会掉馅饼"，因为"得到的信息不充分"，因为"想走捷径"，确实更容易上当受骗，更容易踩坑。相比之下，有钱人似乎更容易放弃短期利益、专注长期利益，更擅长"放长线，钓大鱼"反而不容易受骗。

愚者紧盯的是眼前的"鱼"，而智者关注的是"渔"。这世界上若真有摇钱树，愚者会去摇钱，而智者会去种树。

很多人受穷，就是因为禁不住短期利益的诱惑，被一片叶子吸引了注意力，再见不到远处的泰山，骨子里缺乏"决胜未来"的意识。

受穷只是表象，短视才是根源。

（四）

赚钱的胆子，还从杠杆思维中来。

阿基米德说："给我一个支点，我能撬动地球。"这句话很好地诠释了杠杆思维的妙用。

想要获取更多的财富，光靠蛮力是没有用的。你需要找到一个着力点，并通过杠杆的运作，将你的力气扩大，达到"四两拨千斤"的效果。这个"支点"，往往不在别处，而是在你身上。找到它，并且充分利用它，你才能"以小博大"。

对普通人来说，贷款就是离我们最近的"杠杆"。

上大学的时候，我和 A 都是贫困生，连去上大学的那点路费钱都需要去借。

早在上高中时，我就交了一个已经上大学的笔友。他告诉我，只要你有路费进入大学校门，国家是不会让大学生因为经济原因辍学的。因此，上了大学后，我就开始打听国家助学贷款的有关信息。这种贷款，本科四年是免息的，毕业后才需要付利息。我当时还没满 18 周岁，办助学贷款还需要父母签名，可几经折腾我还是办下来了。

我问了 A，他说他没办，我问他为什么，他说这笔贷款要还利息，反而给自己增加负担了。

我当时挺理解他，因为对那时候的我们而言，将近四万元的助学贷款简直就是天文数字。十几年前我在北京生活，每个月生活费也就两百块钱。我爸妈也找银行贷过款，后来因为还不上，被罚息，他们拆东墙补西墙，家境每况愈下……所以，我理解他这种惧贷心理。

申请国家助学贷款那年，我才 17 岁，第一次从大农村跑到北京这样的大都市，社会经验不足，不知道自己将来毕业后能不能找到好工作，也有担心自己还不上助学贷款的顾虑。但是，当我看到一些家境很好的同学也在申请国家助学贷款，就更加确信自己的决定是对的。

我问那些家境好的同学："为什么你要申请呢？你家不是能负担你的学费吗？"

他们回答我："没了大学生这个身份，你知道从银行贷款有多难吗？你得有抵押物、担保人或是稳定的收入。你上哪儿去找这么好的从银行拿钱的机会，而且这四年还是无息。"

我一想，对啊，相当于这四年这些钱是免费借我的，这世界上还有谁能免费借我钱？没有人的。于是，我愉快地签了贷款合同。

A 呢？坚决不贷款，其实他的家庭并不富裕，他们家兄弟姐妹又很多。就这样，为了供他上大学，他的父母拼尽了全力。他是最有希望从农村突围出去的孩子，所以全家的资源几乎都倾斜到了他身上。这样一来，他的弟弟、妹妹就没钱上高中，纷纷辍学了。

我呢，四年大学的学费、住宿费、生活费都由银行管了，我爸妈就能把好不容易攒下来的钱拿去给我弟弟读高中。

大学毕业，我们面临着就业问题。A 呢，连跑招聘会的几块路费钱都不舍得花，就等着企业来学校校招。我呢，借了两千块钱就南下深圳，后来又去了广州、佛山，只因迷信“东西南北中，发财到广东”。

A 通过校招，去了西部一家企业，现在我们毕业十五年了，他月收入就几千元。几个弟弟、妹妹因为没上大学，早早出去打工，现在成为父母的心病，而他也帮不上家里什么忙。结婚生子后，更是只能管好自己的小家庭了。

我和他现在的际遇已经完全不同了，而撬动这一切的，是上大学时我贷了国家助学贷款和毕业时我借了两千块钱。

我讲这个故事，不是鄙夷A，也不是为了秀自己有多英明，毕竟，人生是一场马拉松，大家都还没跑到最后。只是，如果把我和A这十几年的人生做一个对比分析，我还是觉得，人的思维、认知在某种程度上能决定我们的未来。越是身处困境，我们越要跳脱出自己的思维局限，站在一个更高的位置来考虑问题。

除了贷款杠杆之外，人生还有很多“杠杆”。比如，你提前获知了某些信息，就有可能撬动巨大的市场机会，这是“信息杠杆”；你搞定了某个圈子里的“关键人物”，他就能给你提供能撬动更多人脉资源的“人脉杠杆”；你考上了名校、进入了名企，并借助名校的光环找到了更好的工作、借用名企的背景去创业，这是“资历杠杆”。

当我们面临困窘和难题的时候，更应该充分利用“杠杆思维”来思考问题，不断叩问自己：我想要什么？我现在拥有什么？我能用自己拥有的资源去撬动什么？我是不是能找到一个靠谱的支点，撬动更大的利益？我应该怎么做，才能事半功倍？

杠杆是由两样东西组成的：一是支点；二是杠杆。支点是让你“使巧劲”用的，而你撬动“杠杆”的力气有多大、“杠杆”本身的质量是否过硬、长度是否合适，直接决定了你使用杠杆的成败。杠杆最大的作用是在获利时放大获利，而负面作用则是在亏损时也放大亏损。如果你本身的实力不足以撑起你的“长杠杆”，很有可能反被“杠杆效应”反噬。

使用“杠杆思维”获取财富的重中之重，是花大量的时间、精力让自己具备最基本的实力、技能，再凭借这些东西搭建“杠杆”，去撬动更大的财富、资源和机会，切勿本末倒置。

（五）

“赚钱的胆子”，顾名思义，与胆量有关。不管是“长线思维”还是“杠杆思维”，都跟胆量有关。

敢牺牲挑水、抓鱼的时间造管道、造鱼竿的人，敢于使用杠杆的人，都是敢于冒风险、接受失败的人。都说“无限风光在险峰”，有勇气去冒险，有时也是能力、实力的一部分。

这世界上的大钱，基本上属于敢于冒险的赌徒。

为什么这么讲？因为在赚钱领域，向来遵循“高风险，高收益”的定律。

我身边那些赚到了大钱的，都是敢赌且运气比较好的。

如你所知，任何一个行业，从兴起到衰落，几乎都要经历萌芽期、爆发期、衰落期三个阶段。

萌芽期入局，行业前景不明朗，谁都不知道自己入局之后会不会全军覆没、血本无归，但他们敢赌。

爆发期入局的，也是敢冒险的。比如，现在儿童项目、亲子项目很赚钱，但此时是一片红海。你想赚大钱，就不能只投小项目，必须提高投资门槛，因为投资门槛越高，收益率也越高。

一个行业到了衰落期，就看谁撤退得快，这也需要冒险。这就跟炒股似的，你若是舍不得沉没成本，死撑，那么，每多撑一天，你的财富就减少一分。

赚钱的门道在我看来其实只有一个：竞争少。

怎么做才能做到竞争少呢？

第一，做得早；第二，门槛高。

做得早，需要你有眼光、有魄力，敢于冒风险，做第一批吃螃蟹的人。

门槛高，需要你有一定的积淀，而且还是那种能把别人远远甩在后面的积淀。

有时候，我会觉得，获取财富的机会就像是天眼。电光火石之间，你看到了普通人看不到的、老天敞开的缝隙，并钻了进去，那么，你的人生会往上走一个阶梯。

只可惜，大多数人是看不到那条缝隙的普通人。这条缝隙，人们又称之为“风口”。大多数人身处“风口”时一脸茫然，“风”吹过了才觉得脸上一凉，甚至根本察觉不到哪里起风了，也不知道风在往哪个方向吹。等风停了，才猛拍大腿，恍然大悟：原来我错过了一个亿啊，真是悔不当初。

起风的时候，大多数人是觉察不到的，乘风而起的人也不会拿着大喇叭对外说“这里起风了”。也正因为这样，我从来不相信可以公开往外说的发财秘诀算是财富秘密。真正的发财秘密是不能往外说的，因为知道的人多了，掌握这些秘密的人就赚不到钱了。

人生在世，想要追求“小成”，靠的是“懂事”和“懂视”；想要追求“大成”，靠的是“懂世”和“懂势”。

“懂事”，是懂得为人处事的法则。

“懂视”，是看得清、看得远。这基本上是由所收集到的信息决定的，所以我们说“得消息者得天下”。

“懂世”，是明白这个世界的运转法则，懂得世道运行规律。

“懂势”，是懂得天下大势。这就更难了，大多数人连看都看不到，更别提“看懂”。

很多年前，一个老前辈跟我说：善博弈者谋势，不善博弈者谋子。成功靠势。你当下的选择迎合了趋势，就能事半功倍。而趋势，只有在将起未起的时候才有意义，太早没用，太晚就更没用了。

时代洪流滚滚不息，但会一直向前。我们的个人命运，也和历史、和时代紧紧地联系在一起。如果我们想要了解和把握个人命运，就一定要了解你所处的时代，因为对这个时代有怎样的态度，能决定你会有怎样的命运。

从古至今，帝王将相，平民百姓，精通战略战术者众，认清时局时势者寡。在分析时势方面，我们好像谁都不比谁高明很多。成或败，运气占了很大成分。

运气，藏在趋势之中，也藏在努力之中。

趋势就像一阵风。它们不来，那你就等风来；它们来了，你就放风筝；它们走了，你就收风筝，养精蓄锐，等待下一场风起。

如此操作，大概率上也能衣食无虞、略有小成。

前提是，你得先把风筝扎好。

埋头苦干、勤奋异常不一定能致富，我们还要懂得观察、懂得琢磨事儿。那些发家致富的人，不仅仅拥有勤奋这一种品质，他们大多是脑子灵活、愿意解放思维和改变自我的人。

站在低处的时候，我们的眼界、格局小，总觉得自己只有这一条路可走，你所有的时间、精力可能都拿去跟那条路死磕。但是，如果你站高一点、看远一点，你的格局和眼界变大了，你可能会发现：除了那条一眼就能瞥见的明路之外，生活还给你留了一条更隐蔽的暗道，只是需要你解放思想、付出行动去把它找出来。

改变思维，少点死磕，多点琢磨，也许你也能在逆袭的道路上走得更加顺畅。

强者解决问题，弱者纠结情绪

（一）

十几年前，当我还是一个职场小白的时候，其实我有点“认死理”。

比如，领导交代我一件工作，他说的方案是 A，我也按照 A 方案去执行了。但是，当我把成果拿出来的时候，他才说 A 方案不对，要用 B 方案，而且要得非常紧急。

这种时候，我往往就会产生非常强烈的抵触心理：“啥意思？耍我？早知道要用 B 方案，你干吗要让我做这么多无用功？”

我就开始以理据争：“可是，你以前明明说的是 A。”

说到激动处，我甚至可能会把聊天记录、通话记录找来给领导看。

现在想来，这种行为多多少少有点幼稚。

我努力在证明“我是对的”，却没有把时间、精力、情绪放在解决问题上。

领导把方案A改成B，很有可能是因为工作条件发生了变化。他可能承受了来自上司的压力；又或者，比之他下指令时，他又接触到了更多的信息，现在想法变了，只是没能抽出时间来告诉我而已。

如果完成工作的时间很紧急，我当时最应该做的事情就是去解决问题，尽快拿出方案B，而不是站在原地力证“你以前不是这样说的”“我是对的”。真想对领导提意见或建议，可以等事情做完了再去谈。

自己辛辛苦苦做出来的成果，遭到了别人的否定，换谁都不会舒服，因为这破坏了我们的自恋，但如果我们能克服掉“我是对的，错的是别人”的优越感，能及时解决掉那一点点不满情绪，而是把眼光着眼于更长远的地方，专注于解决问题，带着完成任务、解决问题的心态去做事，那么，做事的效率会提高许多，我们也能更快赢得别人的认可。

如果为某个问题买单和兜底的人是你，那么，“分清对错”这

事儿其实没有太大的意义。你更需要做的，只是去解决它。

（二）

谁都不能保证自己在职场上不犯错，可是，面对别人的错误，不同的人表现却截然不同。

早些年，我曾经在一家报社实习，同时给 A、B 两个人发了一份两千字的稿件。文档中有两个错别字，是我校对不严所致。A 收到文档后，给我打来电话说："你发给我的文档，第几页第几行有两个比较明显的错别字，请赶紧改过来一下。"

我连连抱歉，连声致谢。A 回复说："自己写的东西自己校对的话，确实比较难发现错漏。下回你可以尝试让别人帮你校对一下。"

我赶紧把错别字改过来，并把修改过的稿子再次发给了 B。岂料，我还是被 B 骂了个狗血喷头。在排版、印刷时间已经很紧急的情况下，他竟为了这点事情足足骂了我半个小时，骂到后来他竟提及了我的家庭出身，上纲上线说我"穷长奸计"。后来，还是旁人提醒他赶紧去解决问题，他才拿起修改好的文件，跑去找领导签字。

离开报社后，我跟很多在报社认识的朋友保持了非常好的联系，唯独没办法和他冰释前嫌。

我没办法打破B的“出身刻板印象”。他认为，出身与一个人的品行有非常直接、紧密的联系。你若是出身不好，他就会用警惕的目光看着你，仿佛你下一秒钟就会为了金钱、名利而做出伤天害理的事情来。

他不知道的是，穷孩子要实现逆袭，原本就比别人更难，他们当中很多人知道自己每一步走得有多不容易，反而会更加珍惜每一个能出头的机会，更加懂得体谅别人的不易。不是所有穷途末路的人，都会为了利益而出卖灵魂，就像不是所有的富家子弟都自私自利、飞扬跋扈、不可一世一样。素质、品行等，不一定与出身、财力有关。不管你是怎样的出身，如果你能善待自己的肉身和灵魂，善待他人和整个世界，善待眼前正在过的生活，那你也是一个大写的“人”。

我无法认同他的“出身歧视”，也没法认同他处理和解决问题的方式。

遇到突发问题应当遵循“效率最高”的原则。此时，最高效的沟通方法，是直接发出指令让别人去执行、去解决问题，而不是把精力消耗在指责、抱怨上，不停质问对方为什么这样，为什么不那样。

如果后院着火了，我们最应该做的事情是报火警，拿出实际行动阻止火势蔓延，而不是站在原地调查起火原因，力证“错都在别人，自己没责任”。

调查起因、追责，可以事后做。火烧眉毛的紧急时刻，迅速“灭火”才是正解。

（三）

早几年，我老家出了点宅基地纠纷。邻居趁我老家没人，想一步步蚕食掉我家的宅基地，我父母一让再让，但对方得寸进尺，我父母忍无可忍，心情大受影响。

我陪着父母回老家处理，一开始他们不让我插手，还说要请律师、去法院起诉，各种上蹿下跳但不得其法。我提出来的解决方案，也被他们一一否决，两个人只是躲在家里咒骂邻居，或是跑去找其他村民“评评理”。

从我记事以来，我爸妈都是这样子的：热衷于反复咀嚼、品味别人伤害过自己的言行，然后站在受害者的角度找各路人马控诉伤害他们的人，却不做出任何的反击行动。俨然那么一控诉，自己就站在了道德制高点上，问题也就得到了圆满解决一样。

后来，我实在看不下去了，背着父母给邻居发了一通措辞绵里藏针的短信。次日，邻居就提出来会主动拆除路障，我乘胜追击让他们签字画押，顺带把多年来与宅基地有关的历史纠纷也解决了。

从我记事以来，我感觉我父母遇事从不专注于解决问题，而是把大部分时间、精力拿去论证对错，跟负面情绪死磕，结果呢，越是这样，问题越是得不到解决。

这是我从父母身上看到的局限。

像我爸妈这样的人，在现实生活中还蛮多的。

只要生活中出现一个小窟窿，他们就有本事将那个小窟窿演变成一个巨大的、能吞噬掉他们更多时间、精力、能量的黑洞。

他们一生都在和这种不公平感、被伤害感缠斗，很难跳脱出自我的思想局限，很难尝试用另外一个角度去看世界、解释世界，最终只能在沼泽地里越陷越深，失去了创造新生活的能力。

某件事情办得不顺利或遇到问题，每个人都会有失落、失望等情绪，这是正常的。但是，如果我们一直纠结对错、情绪而不去解决问题，就是对自我生命能量的消耗，对解决事情毫无帮助。

不同的人在面对同样的问题时，表现不一样，有的人是“情绪导向型”，有的则是“问题导向型”。

“情绪导向型”的人的心理逻辑是这样的：我遇到问题了，心生不爽，这原因一定出在别人身上，我一定是对的。既然别人让我不爽，那我也要让他们感到不爽。

就这样，他们可能会说出很多以抱怨、指责、谩骂、发泄为主要内容的恶言，他们身边的人也只能感觉到他的脾气、坏情绪、负能量。这种负能量就像乌云一般，只会引来暴雨，最终他自己也会被这股负能量反噬，而问题自始至终得不到任何解决。

“问题导向型”的人的心理逻辑则是这样的：我遇到问题了，心情失落，但这事儿我有参与，我也有责任，现在最紧要的事情是怎样让这个问题得到解决。如果这事儿我自己一个人解决不了，需要别人配合，那我就尽量站在对方角度去考虑问题，想办法让对方产生帮我解决问题的动力。

这类人自始至终记得自己的初心，记得自己的目的不过是解决问题，明白解决自己失落情绪最好的办法是让事情得到解决，所以，愿意为促成这个结果而做出努力。

“情绪导向型”的人拥有的只是“受害者心态”，其思考路径是：遇到问题——我受到了别人的伤害——别人有错——我是正确的——我要发泄情绪——问题没解决——我依旧不爽。

“问题导向型”的人拥有的则是“主动负责”的人生态度：遇到了问题——问题出在哪儿——我去解决它——解决不了？——那我就接纳它。

越是成功的人，在做事情时越是能坚持“问题导向”“目标导向”。

他们先设定一个目标，接下来努力朝着那个目标靠近。路上免不了会遇到路障，遭遇非议、质疑和嘲笑，但他们往往不会和这些东西纠缠太久，更多的时候，他们关注的是：这个事情，与目标关系大不大？大的话，解决它；小的话，无视它。

智者争朝夕，愚者争对错。

强者解决问题，弱者纠结情绪。

曾经有人采访乔布斯，问他喜欢和什么样的人交往。

乔布斯答，我特别喜欢和聪明人交往，因为不用考虑他们的尊严。

采访者问，聪明人没有尊严吗？

乔布斯答，不，聪明人更关注自己的成长，时刻保持开放的心态，而不是捍卫面子，不是想方设法证明“我没错”。

30 岁后，我逐渐明白了乔布斯说的这个道理，并竭力让自己变成“聪明人”。这种明白，不只是在思想层面认识到这一点，而是开始在行动中贯彻这一点。我试着将其从“瞬间感悟”变成“长效践行”，让其成为一种“根深蒂固”的本能。

人的一生，会面临很多“失控感”。人也好，事也好，一旦我们掌控不了他们的运行逻辑，恐惧就会从心头升起。因此，我们穷其一生都在追求一种秩序感，但是，我们也应该认识到，人生中的很多事是随机的、突发的、无序的、无法预料和难以掌控的。

如何与这些失控感相处，接受命运中那些我们确实无能为力的部分，将我们有限的时间、精力、资源花在“解决问题”而不是“自我消耗”上，值得每个人深思。

让渡优越感，让沟通事半功倍

（一）

某平台推出了某款产品分销功能，并找了很多业务员去做分销拓展，以尽可能多地发展分销商，朋友就这样被找上了。

之前，朋友也尝试过分销，她对这个模式比较感兴趣，但是，她最大的顾虑是：平台存在佣金提取麻烦的问题。

当业务员找上她的时候，她说出了自己的顾虑："你们开发的那个系统，确实对分销商不是很友好，提取佣金的界面都找不到。即使你们给的提成很高，但如果这些佣金最后都只能停留在账户上很难提取出来，那我就是赚了几十万又有什么意义呢？如果提现困难的问题解决不了，我可能暂时不考虑了。"

业务员回答："你刚刚说的不对，我们平台怎么可能会做这种事情呢？明明是可以提取的啊，不然这个平台如何维系下去呢？那些赚佣金的人也不是傻子，你说对吧？……”

总之，业务员反驳了她一顿，逼她承认自己刚才说的话不符合事实，却一直不肯说出提现困难的解决方案，解决掉朋友的顾虑。

原本对合作有兴趣的朋友，立马兴味索然了。

朋友把这个细节告诉了我，我当即在脑海中进行了一场情景演练：倘若我是这个业务员，我可能会先解决客户的问题、打消对方的顾虑，再推销自己的产品或服务。即使我帮助客户解决了问题但客户最终未选择和我合作，但我相信这个人情人家也会记在心里，我也为自己和对方开展下次合作搭建好了信任桥梁，横竖不亏的。

上来就先反驳客户“你说错了，我们不是这样的”，接着再居高临下给客户讲大道理，证明自己说的才是对的，那么，客户估计只想光速逃离。

我对员工提的要求中，一直有这样一条：与客户沟通的过程中，若是遇到沟通障碍，先解决问题，少争论、追究对错，不要当“杠精”。跟客户争对错、抬杠，对你毫无益处。争赢了，又能怎样呢？闷声解决好客户的问题，好过一万句“这句话你确实说错了”。

抬杠，在我看来是智力低下的表现。酷爱抬杠的人，被网民们戏称为“杠精”。“杠精”最喜欢干的事情就是胡搅蛮缠、无理取闹、吹毛求疵，故意跟人唱反调，通过抬杠获取胜利的快感和“高人一等”的优越感。

“杠精们”说话，有几个特点：第一，大多听不太懂别人的观点和论据，不管别人提什么观点，他们都是本能地反对，甚至是为了反对而反对。第二，没法围绕主要问题展开辩论，说着说着就离题十万八千里，说不过别人就开始搞人身攻击。第三，不断曲解别人表达的意思，常基于臆想而不是现实下结论。

不管别人说什么，他们总能迅速从别人的言论中找到“抬杠点”，找到“我最正确，我最聪明”的优越感。

这种人在现实生活中，往往没什么好人缘。一个人若是在与他人沟通的过程中，只想在语言上胜过别人，力图证明“自己正确而对方错误”，那么，别人只会对他“退避三舍”。

上大学时，我一个同学看了老师发表在学生会期刊上的一篇小说读后感，非常不同意老师的看法。他洋洋洒洒写了几千字的反驳文章，千方百计找来老师的邮箱，给老师发了自己的驳论文。

那篇驳论文是以第二人称写的，通篇都是“你你你”，比如“你这是谬论”“你的这个观点充满了思想局限”“你这是‘何不食肉糜’”，语气咄咄逼人。

老师收到邮件后，只给那个同学回复了四个字：“你说得对。”

我问老师为啥不驳斥回去，老师回答：“有句话说的是，常与同好争高下，不与傻瓜论短长。他就是想追求‘自己更正确’的优越感，那就把这种优越感让渡给他好了。跟他辩论的那点时间，我花去干点什么不好？”

老师关于“让渡优越感”的言论，让我受益匪浅。我也是在日后的生活中，不断发现“让渡优越感”的妙用。

（二）

把公司搬到我家附近以后，为了节省通勤时间，我网购了一辆电动单车。但是，到货后，我发现单车有点问题，就约了售后客服上门来修。

售后人员来了，却找错了地方，我让他来小区正门，可他去了侧门。小区比较大，我又花了好几分钟的时间，才跑去侧门跟他会合。

一碰上面，售后人员就牢骚满腹：“你看你，怎么都不守时的？”

听到他抱怨，我心里也有点不舒服，但很快，我想到了这一层：跟他掰扯谁对谁错毫无意义，快点能解决问题才是王道。

于是，我心平气和跟他说："哎呀，那不好意思了。你赶紧帮我看看这单车哪里出了问题，我们早点修完，我小孩一个人在家，我下来时间久了，她会害怕。"

售后人员很快把车修好，这个事情也就过去了。

试想一下，如果我站在原地跟他辩论"超过了约定时间才会合，到底是谁的错"，那才真的是浪费时间，那我就把"我才是对的"这种优越感让渡给对方好了，反正说几句软话我也不会少斤肉。真要跟人家吵起来，还耽误我修车的时间。

有一阵子，我跟家里的保姆阿姨因琐事产生了一点小摩擦。

那天，我接到小孩课后托管班 A 老师的电话，说家长可以去接小孩回来了。我当时还在公司加班，没空去，就给保姆阿姨打了电话，让她代我去接一下。

阿姨接到电话后，立马出发了。她刚走到托管班楼下，我又接到托管班 B 老师打来的电话，说 A 老师刚才通知错了，家长接孩子的时间应该是两个小时之后。

我只好又马上给阿姨打电话，这次阿姨明显有了怨气，开始和我抱怨起来。我忙跟她解释原因并安抚她的情绪，让她不要焦虑，即使家务活还没做完，到点了她也可以直接走。

阿姨没有错，我也没有错。这种时候，谁先放下情绪，谁就是控制局面的人。而我，愿意做这个人。

当了老板后，我曾被一个助理气到无语。在时间紧、任务重的情况下，他一直揪住我布置任务过程中不够严谨的部分，逼我承认是我表达的指令不够清晰，而不是他的理解不到位。

我倒吸了一口气，不断提醒自己：这点小事，不值得你生气。你要做一个懂得把优越感让渡给别人、把别人架到高处为自己做事的人。如果你做不到这一点，就是他们聘用你，而不是你聘用他们了。

这么一想，我顿时心平气和，直接先承认这一次的确是我发布的指令不够清晰，然后再指派给他新的任务。那次跟助理沟通完以后，我总结出来这样一条经验：学会把优越感让给别人，沟通效果会好很多。如果你想做一座山，就得有在“无谓的地方”被人踩的气量。

看到这里，也许你会问：把优越感都让渡给所聘之人了，他们会不会骑到老板头上来？

对这个问题，我是这么看待的：我只会在“无谓的地方”让步。在雇佣关系中，是双方各自拥有的实力和资源决定了“谁该听谁的”。也就是说，是资源强势而不是性格强势，决定了双方话语权和决策地位的高低。受雇者的可替代性更高，在地位上相对比较弱势，受雇者大多能明白谁才是给他发工资的人。如果不明白这一点，还要“骑到老板头上来”，只能说明受雇人智商不大够用，那他被解雇只是迟早的事。

事实上，我更倾向于把雇佣关系看成一种合作关系。我出钱购买你的服务，你我之间也是合同关系。“疑人不用，用人不疑”，我们是认可了别人的业务能力、工作水平，才达成了契约。但是，在合作过程中，服务方能不能带着愉悦的心情、饱满的情绪为你卖力，就决定了服务质量的好坏。而有格局的雇主，愿意让渡出优越感，把“无谓的胜利”让给对方，争取让事情朝着对自己有利的方向去发展。

跟团队成员沟通时，多关照团队成员的感受，比如尽量只说事实，少评判，反而能达成“事半功倍”的效果。

看到成员写的文稿、设计的图纸出现了错漏，直接指出“这个地方的这个细节好像错了，我觉得应该要改成怎样”，而不是脱口而出“这种低级错误都犯，你好不认真啊”。

又比如说，对某个问题的看法，我跟合伙人意见不一致，那我的开场白是“对这个问题，我的看法是这样……”，而不是“你说的好肤浅”以及“你说的全是错的”。

“评判”这玩意儿，实在是太主观了，而且总给人一种居高临下之感。除了引起别人情绪反弹外，几乎达不成有效沟通，还枉费了时间、精力。

有句话说的是“人低为王，地低为海”。海之所以成为海，是因为地势低，能兼收并蓄、容纳百川，引得所有水都流到它怀里去。“人低为王”里的低，是谦逊的意思。就拿李世民来说，他把比自己强的人放在相对高的位置，积极听取群臣的意见，虚心纳谏，大兴科举，开创了中国历史上著名的贞观之治。一个能让“天下英雄尽入我彀中”的人，绝不会是太高姿态的。

（三）

优越感有时候不全然是个坏东西，人类需要优越感就像需要道德感，因为优越感促人奋进。

“我比你做得好，所以这事儿我来做”“我喜欢比你强的感觉，所以我愿意付出更多的努力”“你那么没素质 / 愚蠢 / 卑鄙，和我不是一个层次的人”等想法，都是有优越感的体现。

正因为优越感是自恋本能，因此，懂得放下和克服优越感、以平等姿态跟他人相处的人，是能人。懂得适当把“产生优越感”的权利让渡给别人，把别人架在高处为自己做事的人，是高人。

刘邦当年入秦，见到咸阳的金银财宝、香车美女非常动心，想留下来不走，樊哙都劝不动他。直到张良出马，才劝住了刘邦。之后，刘邦果真没动咸阳城一草一木，反而观察了地势地形、人口稠密等情况，为以后夺取天下做好了第一手的准备。

大家试想一下：樊哙、张良能怎么劝？每多劝一句，都可能会破坏刘邦的自恋，但是，刘邦还是选择了听从。

刘邦确实很懂得用人之道、驭人之术。韩信会用兵，他就给兵；张良会谋划，他就听从；萧何会管账，他就给钱。贵族、游士、县吏、布贩、车夫、强盗、吹鼓手、待业青年，到了他手里，都能人尽其用、各就其位。如果他没有“把优越感让渡给别人”的这种本事，也吸引不到那么多才子武士为他卖命。

《西游记》中，唐僧能力有限，但有着慈悲的胸怀和笃定的信念，很懂得把优越感让渡给别人，不会老想着要“高人一头”。取经路上，他一手抓制度，一手抓人情，有智慧、有手腕，把一个看起来一盘散沙的团队糅合在一起，完成了取经任务。

以前，我是一个有点“玻璃心”的人，遇到一点点非议就跳脚，觉得自己受了委屈就非要千方百计证明自己“没有错”，看不得别人老在我面前展露优越感。

现在，如果某个人、某件事对我达成某个目标比较重要，我觉得把优越感让渡给人家也没啥。自己内心稳稳当当的，就不会再逞一时口舌之快，就不会老想证明“自己才是对的”。

当然，这种“让渡优越感”，也不是无原则、无底线的退让。你知道自己的止损线在哪里，并且能为整个事情兜得起底，这也是能让你觉得“内心稳当”的一个重要原因。

做人难，做事难，就难在我们要和懒惰、自恋、贪婪的本性作斗争。懒惰和堕落是很容易的，自律和上进是很难的；贪婪是容易的，克制是很难的；自恋是容易的，谦卑是很难的；产生优越感是很容易的，把优越感让渡给别人是很难的。可正是因为难，你若是能做到，它就很有价值。

现在，有很多“心灵鸡汤”告诉我们：先解决情绪，再解决问题。情绪解决了，事情才推得顺。我觉得，这句话里的“先解决情绪”，不一定指的就是“你的情绪”，也有可能是“别人的情绪”。

当你不仅懂得解决自己的情绪，还能通过“让渡优越感”安抚和解决别人的情绪时，你就是一个能“控场”、会“下棋”的人了。

“找对人”，比“做对事”更重要

（一）

离婚后，有段时间我过得很“丧”，干什么都提不起精神。

某天，看着镜子中那张憔悴不堪的脸，我告诉自己，你不能再这样下去，得振作起来了。去学东西，多找点事情做，哪怕去体验生活也好，总之，你得让自己忙起来，别把时间花在“胡思乱想”上。

于是，我找了一份兼职——帮人写文案。那时我并不缺钱，只是“玩票”式地接了两三单。

第一次出山，我遇上一个创业做护肤品的大姐姐。她要我帮她写一些文案，内容包括品牌介绍、品牌口号、品牌故事，等等。

我那时也没什么经验，就在还没收取定金的情况下埋头开写。我把花了两天写出来的文案发给了她。没想到，她把我写的文案批得一无是处，说我完全没有按照她的想法来写，写出来的东西“狗屁不通”。

我当时觉得挺委屈的，心想：别的方面我不敢夸海口，但在写作领域，论对题材的领悟力、撰写水平，我好歹也算中上水平，何以到了她这里就“狗屁不通”了呢？

我说：“您觉得哪里写得不好，我可以修改的。”

对方回答：“你写的这种东西，改都没法改。”

得，两个人谈到这一步，也算是谈崩了。她给我转了一点钱，是谈好价码的四分之一，算是给我的辛苦费，随后就把我拉黑了。

让我震惊的事情还在后面：某天我闲得无聊，上网搜索她的护肤品品牌，居然在某网上看到相关介绍。该品牌的产品详情、品牌故事、口号，等等，全部都出自我提供给她的文案，一字未改。

我那时还接到另外一份文案任务，是帮一家集团公司写企业文化全案。

一开始去那家公司拜访，女老板一副怀疑我到底能不能胜任的表情。我拿出之前写过的作品集给她看，她的眼睛顿时亮了。她欣喜地说，像你这样的人才我们一直在找，可惜一直没遇到合适的，现在真是“踏破铁鞋无觅处，得来全不费工夫”。

当时洽谈室里还有一个女行政主管和一个男经办人。女老板的神情一放松，洽谈室里的氛围一下子就变得活泛了起来。女老板当着我的面打开了一个方案 PPT，投屏到白墙上，邀我给他们集团的宣传工作提意见。

宣传这块是我擅长的，我看完方案，先说了方案的优点，接着再讲了些不足之处。我当时真的完全是从工作的角度去评判这份方案，并提出了改进意见。女老板听了以后，很是认可，让男经办人根据我的意见再改改，并交代女行政主管和我对接好后续的文案撰写工作。

女老板当天比较忙，交代完这些以后就走了。她一走，洽谈室里的氛围突然就变得紧张起来。男经办人黑着脸问我：“你知道刚才那个文案是谁写的吗？你就乱说？你那么说话，让我顶头上司（指女老板）怎么看我？”

我这才反应过来：原来他是因为我刚才对他写的方案提了点意见生气呢。

我马上道歉：“啊，对不起，我真不知道那是您写的。再者，我真的是从工作的角度提出的一些建议和意见，不是针对您。”

男经办人不依不饶：“你要搞清楚，谁才是甲方。”

我当时真有些生气了，但也只是把脸拉了下来。女行政主管娟姐见状，赶紧打圆场：“这都是小事，我们接下来聊聊怎么写企业文化全案。”

男经办人站起来就走了，留下我和娟姐面面相觑。男经办人也谈不上不敬业，只是与我气场不合，这事儿大家都没辙。

再之后，都是娟姐跟我对接工作，整个沟通过程非常愉快。为避免信息在层层传递过程中可能被大量过滤，导致我做无用功，她安排我和集团董事长直接沟通。

集团董事长亲自跟我讲他奉行的文化理念，这样我写起来针对性会更强一些。自始至终，他待人非常谦和有礼，完全没有集团公司董事长的架子。他甚至开玩笑跟我说，本来想挖你来做我们的品牌总监，但无奈挖不起啊，你在金融行业，比在我们这行收入高。

做了这么一单，我赚了点零花钱，但最大的收获是认识了董事长夫妇，和娟姐也成了无话不谈的朋友。

有段时间，我在微信上跟娟姐倾诉，说我准备换房子了，可是买完房子就没装修钱了。我当时真的只是想倾诉来着，没想到娟姐马上从微信上转给我一万块钱。她还跟我说，这点钱你先拿去应急，等你有了再还我。

娟姐的这个举动，让我惊讶得无以言表。我跟她才认识一年多，总共才见过四五次面，其他时间都是在网络上沟通，可她竟然敢主动借我一万块钱，而且是在我没有向她开口的前提下。我立马把钱退了回去，感谢她的好意，告诉她眼前的困难我能克服。

在娟姐那里，我感受到了甲方对我的信任和尊重，自然“不需扬鞭自奋蹄”，回馈给他们更多。为能把一个任务完成，我废寝忘食、不计成本，给出来的成果也比较惊艳。

以上两个小插曲，是我亲身经历过的事。它让我意识到一点：“找对人”，比“做对事”更重要。

（二）

人和人的关系有时候很奇怪。有些人你一见就喜欢，相见恨晚，酒逢知己千杯少。你们不需要刻意去培养感情，天生就很合得来。有些人像是跟你“相克”，就算你们没什么恩怨，可你们就是莫名其妙看彼此都不爽。

人和人相处，磁场、引力、气场这事儿应该是存在的。气场合，自然一见如故；气场不合，就可能一见如敌。我们喜欢的人往往是喜欢我们的，我们讨厌的人恰恰也是讨厌我们的。

一个人跟你气场合，会乐于从善意角度去解读你的言行。若是人家跟你气场不合，那你喝水、走路的姿势可能都会让人家反感。比方说，你在欣赏你的上司面前吐个舌头，上司可能只会觉得你俏皮、可爱；在不欣赏你的上司面前，你得到的可能是截然不同的评价：“死皮赖脸，没个正形儿，连最起码的职场礼仪都不懂。”

当然了，百分之八十以上的人，跟我们只是泛泛之交，谈不上要好，也谈不上厌恶，彼此凑合着能聊下去，但远达不到心心相印的默契。

一个人永远不可能成为“受所有人欢迎”的人。就连我们自己，也没法喜欢所有人，也有可能遇到臭味相投或完全不对胃口的人。也正是因为这样，那些真心欣赏我们的人，才显得尤为可贵，他们是我们生命中的“贵人”。和他们在一起，我们的生命能量才会自然流动，才能在一段良性的关系中得到滋养。

我们学销售技能，一些“成功学”的文章总是告诉我们一些与百折不挠有关的故事。比如，某个销售员去拜访客户，被客户轰了出来，他发挥水滴石穿的精神，最终打动了客户，获得了成功。

可在我看来，这是非常低效的方式。

这个销售员能获得成功，必然有其他能被客户欣赏的特质，比如口才、诚意、心态以及产品本身够打动人，等等。把他的成功归因到“百折不挠”，是不是太过草率了？

普通人要一板一眼照着这个方法去做，大概率上只会白白耗费时间、精力。

我始终相信一点：我们只能赚到欣赏我们的人的钱，也只有那些与我们臭味相投的人愿意给我们好的资源和机会。

你喜欢哪个演员、歌手、作家，你就愿意为他的作品买单。

你喜欢吃哪一款菜品，折服于某个厨师的厨艺，你就心甘情愿给他捧场。

你佩服哪个培训师，就愿意掏钱去听他的课。

你欣赏哪个下属，就更愿意提拔他。

人的时间和精力是非常有限的，我们的命运也并不都掌握在我们自己手中。我们能做的，只是找到欣赏和认可我们的人，跟着他一起做事，这样，你付出相同的时间、精力，会得到更大的收益。这种收益，不仅仅包括物质上的报酬，还包括对方给你充分的尊重和信任、认可你的价值。所有这些东西，会形成一个良性循环，助

你登上更高的山峰。

倘若我们遇上的是不欣赏我们的人并且还要一直跟他死磕到底，那对不起，死磕过程中产生的负面能量，可能会把我们吞噬，让我们越来越不自信、越活越窝囊。

低着头盲目努力？每天自我感动式地坚持到底？其实真没什么用。

倘若没找对人，那么，不管你把事情做得多好，总有人会不满意。于是，整个合作过程变得无比痛苦，做起事情来也是事倍功半，你会感到无比沮丧。

遇上与自己“气场不合”的人，很有可能你做什么都是错。随便发生一件小事情，都能让对方觉得你是在针对他、敷衍他、伤害他。

与“气场合”的人一起做事，即使遇到难题，大家也会从善意角度理解对方的言行，好好沟通，合力把事情解决好。

先炼就自己的核心技能，再找到欣赏我们的人一起合作，往往事半功倍。成功者的成功，大多是这么来的。当然，前提是，我们要有能被别人欣赏的硬核技能，比如勤奋、比如才华、比如懂得换位思考、比如处理事情高效利落。

某些“受欢迎度”比较高的人，不是因为“会做人”而受欢迎，而是因为“会做事”并且把事情做了出来，甚至做到令人叹为观止的程度。

如若没有这些核心技能，那你可能一辈子都找不到欣赏你的人。

（三）

人们常说“跟对人，说对话，做对事”是成功的基础，三者缺一不可。可在我看来，这三者不是并行关系，而是递进关系。

“跟对人”，是“说对话”的前提，它比“做对事”还重要，前者是后两者的基础和前提。

鉴于人和人之间存在这种说不清、道不明的“气场法则”，我总结出处理人事关系的两条道理、三大原则，大家姑且一看：

第一条道理：**幸福和成功很多时候不是“向外求”的，是先“向己求”的**。你得先向内行走，产生能把有缘人吸引过来的磁场，再与那些被你吸引过来的有缘人一起“做快乐事”“快乐做事”。

第二条道理：**永远不要绕着别人转，因为别人也不会静止不动，这样你早晚会被绕晕**。万物遵循“吸引力法则”，与他人亲近或疏远，都是缘分，不必纠结。

人跟人是否合得来，真是一门玄学。我们只能努力去寻找那些与自己合得来的人，而不是努力去适应或迎合那些与自己合不来的人。

若是遇上“合不来”的人，我处理人际关系的三大原则是：let it come，let it go 和 let it be。

Let it come，让它来，是因为很多事情你阻挡不了，只能预防。而且，你要允许那些不好的事情发生在自己身上，允许别人不喜欢你。与其问“为何我这么倒霉”“为什么某人不喜欢我”，不如问“凭什么我不能倒这种霉”“凭什么人家非要喜欢我”。让你不爽的事情发生了、让你不爽的人出现了，这是很随机的，既然它来了，那你就让它来。

接着，是 let it go，让它走。过去了的事，就过去了。任何事，都会过去。如果过去了，你就让它翻篇。你可以反思自我、吸取教训、积累经验，但没必要反复咀嚼痛苦。你就当那些事像洗澡水一样流过你、冲刷过你，你要任由它们奔赴下水道，那才是它们最应该去的地方。

最后是 let it be，尊重它本来的样子。有些事，它发生了就是发生了。它只是发生，是我们对它的定义和评判让自己感到痛苦。有的人之所以会因为别人的言行感到痛苦，是因为他们很难做到 let it be，无法接纳事实。他们只能接纳自己认定的标准，即，别人不该这样、不该那样，所以，当别人就是这样或那样做了以后，他们就感到万分纠结和痛苦。其实，何苦这么拧巴呢？人家就是这么做了，你看清并接受这个事实，然后，兵来将挡、水来土掩就好。你的时间、精力，要放到更值得的人和事上。

明白这些，我们的人生会高效很多、自在很多。

第三章

每个想要逆袭的人都会得到命运的善待

真正优秀的人，都善用“利他思维”

（一）

早些年，我帮一家集团公司写过企业文化全案。对我而言这不像是一项工作，反倒是一次极其难得的学习机会。

集团董事长跟我一起梳理和提炼企业文化，他反反复复提及的，是孔子说过的一句话：“夫仁者，己欲立而立人，己欲达而达人。”这句话的意思是：有仁德的人，自己想安身立命，就先帮助别人安身立命；自己想顺利通达，就先帮助别人顺利通达。仁人志士，要在谋求自己生存与发展的同时，也要帮助别人生存与发展。

这是孔子提倡的“忠恕之道”。所谓“忠”，就是尽自己的努力去待人，即“己欲立而立人，己欲达而达人”；所谓“恕”者，就是推己及人，即“己所不欲，勿施于人”。

我花了小半个月的时间梳理那家集团公司的企业文化，再结合身边的案例思考良久，最后发现一个奥秘：真正能赚到钱的人，不管是企业家还是销售员，都把“利他思维”写进了自己的基因里。

中国有句古话说“大商无算”，意思是：在做买卖的时候，先不考虑自己能赢多少利，而是先考虑买家或是大众获得多少利，之后才算自己的利益。

李嘉诚就有这么一条“生意经”：在和别人做生意时，如果我们能拿到七分的利益，甚至能拿到八分，那么我们就拿六分好了，因为只有这样，才会为自己赢得好声誉，吸引更多的人来合作。如果能拿七分利，你偏要拿八分，那么以后谁还会和你合作？

马云一开始做阿里巴巴，做的只是一个免费的、帮助中小企业卖东西的平台，那时他也不知道自己会不会赚钱，可后来的故事，大家都知道了。马云后来在总结自己的创业经验时说：“企业要想成功必须有‘利他思维’，未来的经济一定是利他主义的经济。没有任何一个消费者，会忍心拒绝一个真心为他好的人。”

这种“利他思维”，圣贤们早就思考得很透彻了。孔子提出“立人达人”的理念，老子说“水善利万物而不争”，列子宣扬“利出者实及”，荀子提倡“大公无私”，红顶商人胡雪岩留下一句“前半夜为自己想想，后半夜为他人想想”，亚当 · 斯密坚信“利他就是利己”，现代管理学之父彼得 · 德鲁克说“最好的管理就是‘利他’”，日本管理大师、著名实业家稻盛和夫则提出，“利他”也可以成为企业的核心竞争力……

看来，古今中外的圣贤们早已从实践中得出真理：用利他心做事，可以不争而善胜。

有一次，我去拜访一个客户。客户跟我说，他们现在奉行的服务观是“为客户创造价值”而不是“客户至上”。

这种提法，体现的正是一种“利他思维”。若是一家企业成天想着要怎么赚客户的钱，却不能为他们解决问题、创造价值，那客户要你何用？一个企业能生存多久，不是看它能利用多少人，而是要看它能给多少人带来利益。

如果我们太执着于自我的利益，凡事总是先从自己的立场出发，不为他人着想，那么别人也会这样对待你。如果我们懂得“利益均沾”的原则，学会将好处和利益分给众人，让每个人的心理都达到平衡，这样大家才可能会通力合作，协助你获得成功。

试想，当周围所有人都获得利益而你是利益的贡献者时，别人必然会给你回馈，那么你的利益就是永续的。可以这么说，将“利他”置于首要位置时，“利己”将是一件水到渠成的大概率事件。

我们可以打个这样的比方：利他，就是春天播种、耕耘，是修建沟渠；利己，则是秋收，是“渠成”后的“水到”。很多人不理解这个道理，时时刻刻只想着赚钱这回事，关注眼前那一点点进账，却不知道播种、耕耘、修渠才是我们最应该花精力的地方，赚钱是

自然而来的结果。

一个人若是只想着自己怎么赚钱，就越是赚不到大钱。他们费尽心机去追逐金钱，可金钱往往绕开了他们。而那些善用“利他思维”的人，则可以持续地吸引金钱，让钱追着他们跑。

（二）

创业过程中，我发现，在跟同行相处的过程中，“利他思维”很关键。

有竞争关系的同行，我们称其为“友司”，并与其中几家公司保持着比较良好的互动，大家互通有无、互相帮忙。

同一个行业里的两家企业，既有竞争关系，又是“同一根绳子上的蚂蚱”。同行就像读书时代的同学一样，正是因为彼此存在竞争关系，我们才有动力力争上游，才能保持活力。而有限度地共享行业资源，也是为了抱团取暖、对抗洪流。因为我们深知：打败一家企业的，往往不是竞争对手，而是规则的重建者，它的横空出世，可以摧毁一个行业。

有限度地和他人共享资源、互通有无，不会让你处于劣势。一个真正有自信、肯学习的人，不会抱着自己拥有的那点玩意儿不放，

你把自己拥有的东西有限度地分享出去，就像是一个装满水的杯子倒空了水，你才会更有动力往里面装新的。

我们要做的，就是耕好自己的田，驯好自己的牛，种好自己的庄稼，别老惦记别人的饭碗。如果有机会，还应乐于跟同行分享自己种田的经验。

这也是商业行为中的“利他思维”。

生意场上的买卖双方，经营的只是“人与人”之间的关系，金钱只是双方交换价值的媒介。你对别人报以尊重，别人大多也会以尊重回报你。你交付信任，才有可能收获信任。你遇到问题好好说话，别人大概率上也会认真帮你解决。

辞职之前，我做了十几年的甲方代表。在跟进项目时，大多数时候能站在乙方的角度考虑问题，尽量把工作做在前面，减少他们做无用功的概率，慢慢就收获了他们的友谊。

开始创业之后，我更是深切地感受到了“利他思维”的用处。

在跟客户打交道的过程中，善用“利他思维”做事也是树立行业口碑的关键。

凡事多做一点，多为客户考虑一分，往往能获得意想不到的收获。我们的客户资源，也是这样慢慢积累下来的。

创业公司在市场上属于乙方地位，大多数创业团队为了生存和发展，会尽最大努力帮客户解决问题、创造价值，但时不时的，也会遇上一两个特别难伺候的“非优质客户”。

有一次，在跟进一个自媒体小项目的过程中，我和助理校对不严，导致文案中出现了两个错别字。我们急忙去道歉，并主动提出补偿。没料到，对方一直不依不饶，一口一个“这种错误都犯，你们到底干什么吃的”。对方足足责骂了我们三分钟，俨然天已经塌了。

我说，您先冷静一下。事情既然已经发生了，我们一起来想想看怎么补救。

但是，对方绝口不提补救措施，只是一个劲儿地站在道德制高点上批评我们“不懂得尊重别人的感受”。

我彻底没辙了，只能等对方情绪平复后，再一起来商量解决问题。

遭遇这类客户，对初创公司而言简直就是在“历劫”。你和他们的沟通成本会变得无比高昂，最后双方确认的工作成果，大多也会呈现“中规中矩，毫无创新”的特点。

相比之下，那些能平等待人、换位思考的客户就可爱多了。他们是真懂得尊重人，也真的懂得遵循商业规律。而我们捧出来的每一个令人惊艳的好作品，都是在客户充分信任和尊重的前提下诞生的。

商业社会，最讲究的便是互惠互利。“所有便宜都你占”的事，是不可能发生的。

利己者生，利他者久。利他者更能承受痛苦，也能享受更大的福气。与人合作时，尽力追求共赢，说话做事给人留有余地，目标放长远，而不是纠结于眼前那点得失，方能走得长远。

（三）

前面的篇幅，讲的都是做企业、做管理以及与同行和客户“打交道”时的“利他思维”，而我想说的是：个人的成长和企业的成长一样，同样也需要“利他思维”。

当你端了一碗烫乎乎的泡面从人群中穿梭而过，如果你边走边嚷嚷“来，你让一下，让我先过去”，可能大家都不情愿给你让路，但是，如果你说“不好意思，过一下，小心别烫着您”，人群可能就会散开。

这两种话术的差别，就是一个只有“利己思维”，一个有“利他思维”。

在现实生活中，我们不难发现：那些能够时刻关照到他人的利益或者感受的人，往往更容易遇到贵人，从而实现逆袭。

我自己带过几个助理。一个“好助理”和一个“待提高的助理”最大的差别不是工作能力和水平，而是是否具有“利他思维”。

那些更有成长潜力的助理在做事情时，特别懂得“换位思考”。比方说，他们在微信对话框里给你发地址，从来不会用截图的形式，而是把地址以文字形式输入到对话框里，方便你复制、粘贴。如果你比较忙，他们能在 30 秒内把要紧事说完，绝不会拉着你絮絮叨叨表达自己的情绪、看法，却半天说不到点子上。

十年之后，这两类人的发展前景肯定完全不一样。那些善用“利他思维”的人，总能在职场中走得更快、更远。

我一个朋友的妹妹以前在一家公司做文员。有一次，一个客户来访，公司老板要送客户一些土特产，但客户临走时忘记拿了。过了两天，老板让文员妹妹把土特产送去给客户，可客户当时在外地出差，只派了家里的老人家下楼去取。文员妹妹见老人家一瘸一拐的，提东西不大方便，就自告奋勇帮忙把土特产都送上了楼，临行前还帮老人家把垃圾带走。客户回家后，老人家对文员妹妹赞不绝口。

客户跟文员妹妹打了几次交道，觉得文员妹妹对待工作非常敬业。老板交代她给客户发什么资料，她分门别类标注得整整齐齐，客户查阅起那些资料来毫不费力。两年后，文员妹妹想回老家工作，客户听说了这个消息，主动通过熟人关系给她介绍了一份令人艳羡的工作。

你看，这也算是“种善因，结善果”了。

很多时候，我们秉持“利他思维”做事，就像是往别人心里播了一颗种子、与他人结了一份善缘。你把这颗种子播种到别人的心里，不知道它什么时候就能开花和结果，但一旦形成播种习惯，你的闪光点终究会被人看见。

普通人没背景、没后台，能跟别人拼的，不过就是一份敬业态度、一份“利他思维”了。

如果我们希望别人怎样对待自己，就应该以同样的方式对待别人。如果没有“利他思维”，不懂换位思考，势必会“损人不利己”，我们能拥有的“好资源”只会越来越少，路也只会越来越窄。

《菜根谭》有言：“天地之气，暖则生，寒则杀。性气清冷者，受享亦凉薄，唯和气热心之人，其福亦厚，其泽亦长。”这话的意思是，温暖的气候会催发万物生长，寒冷的气候则会使万物萧条。因此，一个人如果心气孤傲，只会受到同样冷漠的回报。只有那些热情而又乐于助人的人，得到的回报才会丰厚，他们的福祉也才绵长久远。

我们真的不能靠耍小聪明、小心机占别人的便宜，不能把别人当傻子，而是要拿出一颗真心待人，努力向他人和社会提供“价值”，让别人不断认识和信任你，并期待与你建立联系。长此以往，你也可以成为福泽深厚的人。

善用“利他”思维，不是让你“甘于奉献，牺牲自己”。俗语说“赠人玫瑰，手有余香”，利他本质上是在利己。心里装着别人的需求、感受、利益，有助于我们与他人创建更和谐的关系，甚至有助于我们提升人生格局、看清天下大势，成长为更好的人。

一个有成长内驱力的人，没有一个不具有“利他思维”。属于你的人生逆袭机遇，说不定就藏在那些“利他”的细节里呢。

与其经营“无效社交”，不如“打造自己”

（一）

我一个朋友，特别热衷于大聚会式的社交。

什么是“大聚会式社交”？一般是指，在酒吧、KTV、应酬桌上进行的社交，所有人挤在一个或大或小的房间里，人和人看起来很熟、很亲密，可实际上心与心的距离却很远。

在这种大聚会式的社交场合，我这位朋友见人就加别人微信、要人家电话，可拿到别人联系方式后，却任由这些联系方式躺在自己的通讯录里。

久而久之，他甚至没办法一个人待着或是安静地跟家人待着。对他而言，独处、陪伴在家人身边是浪费时间和生命，甚至是错失合作良机。

他时常跟我吹嘘自己有多少个兄弟，走到哪儿都有人给他送钱……事实上呢？他真缺钱了，根本没人愿意借给他。频繁参与这类应酬、聚会，他也没有得到多少合作机会。

现实生活中，像这位朋友一样的人还真挺多的。他们“热爱社交”，一安静下来就无法自处。让他们自己待一会儿，简直是一种酷刑。只要闲了下来，他们就必须找个热闹的地方去消遣。只有在狂欢的人群中，他们才会觉得快乐和有安全感。

他们之所以热衷于应酬和社交，也许是因为内心极其孤独和空虚，只能通过与他人产生链接的方式，来确认自己的存在。酒色财气、交际应酬，是他们生活地位的凭证，只有这些能让他们觉得人生“不虚此行”。无事孤独时，他们可能会感到一切落空，只有不停地“逐物”“逐利”“逐关系”，才会觉得身心落实，才能避免直面自己。

这类人热衷的社交，很有可能只是“无效社交”。

在一个大聚会上，一群都不知道彼此名字的人互相交流恭维，哎呀你真漂亮啊，我觉得你好有才啊，小小年纪你可真是厉害，这么辛苦你都能挺过来实在是太不容易了……大家互相敬酒、假装很熟，每个人都假笑到聚会结束。虽然交换了联系方式，但一年之后你收到人家的贺年短信或是“测试好友是否删除了自己”的消息时，可能都想不起来人家是谁。

我无法理解他们，就像他们无法理解我。我从小就不大合群，对一切聚众狂欢的场合保持冷眼和警惕。参与过一场热闹聚会后，我需要独处很久才能慢慢恢复能量。

在我看来，“有效社交”是价值观或利益一致的两个人，在“点对点”的交往中产生的。与其浪费时间精力去结交“酒肉朋友”，倒不如多花点时间独处，丰富自己的心灵，在自己的专业领域里找到乐趣，然后，再尝试着走出门去，寻找志同道合的朋友并与之建立“强关系”。

（二）

美国社会学家格兰诺维特提出过“强关系”“弱关系”的概念。

处在强关系网中的人，基本上是我们每天都能接触、有长期互动的人，我们对其“个人的信赖”高于对其“做的事”的信赖。比方说，我们的孩子、爱人、父母、兄弟姐妹、关系好的亲戚、很铁的哥们儿和闺蜜，都是强关系网里的人。他们如果向你借钱，你甚至不会问对方要做什么，就直接解囊相助。

我们与这类人的关系，多是靠感情维系的。

弱关系中，人与人之间的关系并不紧密，也没有太多的感情维系，即我们所谓的“泛泛之交”。弱关系网中的人，包括我们曾经认识的朋友、同学、亲戚、同事，还有那些通过社交网络认识的人。关键时刻，这种关系也能派上用场，但更多的时候，这种互助关系更多像是利益互换。也就是说，你给人家提供什么好处，人家也能给你提供什么便利。

我们参加大聚会式社交，得到的社交关系大多属于“弱关系”。

社会学家费孝通当年用一个比喻来形象地说明中国人的社交格局，他说中国人的社交格局就好像把一块石头丢在水面上所推出来的一圈圈的波纹。我们对身边的人会尽很大的力去处理社交事务，随着关系的逐渐传递（像水纹一样），会越推越薄，越远越不当回事。

指望与你的关系很弱、不把你当回事的人来帮助你，是很难的。此时，你对别人来说是一个索取者，而不是一个能为别人提供有效价值和信息的好伙伴，人家避开你还来不及呢。

人际关系的核心和本质是什么？是价值交换。父母和子女，我们和配偶、朋友、同事、同学乃至网友，都存在价值交换关系，只不过这些价值不一定都以物质价值的形式来体现。

很多人看不明白这一点，总期待能通过“混脸熟”的社交，找到一个能在关键时刻救自己于水火之中的人。可大家想过没有，社交法则其实很残酷：**你没用的时候，你认识谁都没用。你必须拿出你所拥有的，换取你想要的。**

举个简单的例子：一个农民贫病交加，他去到集市上，看到其他人都拥有这些、拥有那些，而自己却连看病的钱都没有，也没有人愿意对他施以援手。此时，他最应该做的事情是什么？

是硬着头皮去攀附那些坐拥资源的大咖吗？是坐下来哭天抢地吗？是沉浸在这种落差中无法自拔吗？是跺脚发誓自己有一天一定要出人头地吗？都不是。

他最应该做的是分析和收集自己现有的资源，设法去交换到自己稀缺而别人富余的资源。

用“交换思维”而不是“乞讨思维”过人生，用“吸引思维”而不是“攀附思维”搞社交，这才是一个真正能对自我负责的人应该有的态度。

大多数情况下，你的社交价值不在外界，而是在你身上。你自己能为别人提供什么价值，决定了你能从别人那里得到多少价值。你的交换价值越大，社交价值自然也就越大，愿意主动来跟你打交道的人也就越多。

（三）

说到这里，也许你会问：那我们就可以完全不搞大聚会式社交了，不混圈子了吗？当然不是。

聚会、应酬、混圈子，只是给你一个认识他人的机会，虽然它本身并不能产生有效社交，但它是一个让你产生有效社交的机会。

在那样的场合中，你可以迅速判定谁是跟自己气味相投的人。若是机缘凑巧，两个人看对眼了，就可以建立另一段关系。打个比方，参加聚会、应酬或圈子，像是去打鱼；而你是否能钓得鱼儿归，就要看你自身、看别人、看机缘了。

我不喜欢混圈子、应酬聚会，但并不排斥它，我只是不愿意将社交变成我的全部生活，不愿意让聚会、应酬、混圈子占据我的大部分时间而已。

聚会、应酬会消耗我的能量。混圈子有时候则意味着你要站队，你要表态自己是哪一伙的，可人是很复杂的动物，我没法因为和谁身处同一个圈子而完全认同谁，也没法因为不和谁在同一个圈子而遏制住自己对人家的欣赏。

二十来岁的时候，我也很迷茫，因此，我看过一些心灵鸡汤、成功指南。那些鸡汤和指南每天都在教导你：二十几岁是人生最重要的几年，你要学会经营人脉，要多去参加聚会，认识有头有脸的人物，将他们发展为自己的贵人。

如今，我再回头看这些论调，只觉得这些都是“毒鸡汤”。如果你自己啥也不是，在事业方面毫无建树，没有一样东西拿得出手，大咖们谁会带你玩，谁会给你机会？

被大咖们注意到，然后一路被贵人提携，实现人生逆袭的人，毕竟是极少数。生活不是拍电影，我们最大的贵人只能是自己。别人是否看得起你，取决于你是一个怎样的人，因此，与其只顾着拓展人脉却不让自己变得有价值，不如先强大自己再去进行有效社交。

事实上，所有好的人脉和社交关系，都是在我们“做好了自己”的基础上滚滚而来的。打个比方，自己才是修建沟渠的人，而人脉像是上游的水，你修建好了沟渠，水便会顺流而下。

当你还是一只小鸟的时候，别老想着要借风飞上高枝。用你仰望高枝的时间去练习飞翔，全世界的树枝都可以成为你的高枝。当你还是一棵小树苗的时候，不要老幻想着能引得凤凰来。等你长成参天大树，凤凰自然愿意来栖息。

处心积虑在无效社交中拓展人脉，不如先打造更强大的自己。

每个想要逆袭的人都会得到命运的善待

（一）

我老家位于滇西北一个高原湖泊边。看村民们下湖捕鱼挣到了一些钱，父亲和邻居一起找人借了点钱打造了一条铁船合伙打鱼，结果亏得血本无归。一起借的钱，邻居不肯还，我们家作为承担连带责任的保证人，代偿了债务……从此，我们家陷入了债务泥潭。

为了能让我们上学、为了能还清债务，我父亲常年在工地上打工，出卖力气活，有一次还差点丢了命。那些年，父亲经常被克扣和拖欠工钱，不能按时寄钱回家。好不容易他回家一趟，我家的门槛差不多会被追债的人踩烂。一般等债主们走了以后，我家又穷得连吃一顿肉的钱都没有了。

父亲常年在外，家里就母亲一个人种田。母亲有时候会在地里种一些菜，等菜成熟了就背去一周开一次的集市上卖。从小，我们一家的生活费都是这样换来的。

行情好时，母亲种的粮食能多换一些钱，我们就能多买点日用品和食品；行情不好时，我们只能就着米饭吃一个星期自家种的蔬菜，肉类对我们来说就是奢侈品。

在我的印象中，母亲通常是在集市头一天把蔬菜从地里采回来，再打来井水把泥巴清洗干净，把烂菜叶择掉，好让蔬菜的卖相更好一些。

我和弟弟边听着母亲在屋外清洗蔬菜的声音，边坐在煤油灯下写作业。母亲出嫁时带来的木制箱子搁在床尾，我和弟弟就坐在床上，趴在木箱子上写作业。那时候，我们家穷得连张书桌都买不起。

村里很多人家安装了电灯，但我家嫌电费太贵，一直用煤油灯。有时候，我和弟弟做作业时，不小心把头凑到了煤油灯前面，接着就闻到一股头发被烧焦的味道。

母亲去卖菜的时候，我有时也会跟着去。我 6 岁那年就跟着去了一回，帮母亲背一些莴苣去集市上卖。

那天，我们背着篮子顺着公路走。一个疏忽我身上背的篮子被一辆路过的大货车钩住了，我当即被大货车钩倒在地，却一时半会儿挣不开篮子，只能任由大货车拖着走了好几米远，还差点被卷到了车轮底下。

路人发现后，朝司机大喊，司机才停了车。母亲尖叫着把我扶起来，却没有安慰惊魂未定的我，只是边哭边骂我不小心，后来甚至骂到了父亲，骂他这时候不在家、骂他没本事。

那天的莴苣，并没有卖上个好价格。集市刚开始时，有人出八毛钱一斤的价格想全部收购走，母亲没答应，跟人家要价九毛，那人磨了一会儿价格，似乎觉得自己说服不了母亲，转头去收购别家的了。

我理解母亲的心情，从莴苣种下地的第一天起，她付出了不知道多少心血，她自然是想多卖一些钱的。那人走后，母亲就开始零售。一开始，她叫价一块，也卖出去了几斤。我坐在母亲身边，替母亲感到高兴，完全忘记了自己刚从大货车底下死里逃生。可是，卖到后来，随着街上来卖莴苣的农民越来越多，母亲不得已降价，先是降到九毛，卖出去了一两斤，后来慢慢降到了八毛一斤，六毛一斤，却没有人买了。

当天，集市散尽的时候，我们的莴苣只卖掉了三分之一。母亲攥着卖莴苣得来的五六块钱，跑去买了一包洗衣粉，又跑去别人摆过摊的位置捡了一些被人当作残次品剔除出来的菜叶。她背着卖不掉的莴苣回家，回家路上沮丧地跟我说，这周我们吃不上肉了。

没有在中国最贫困的农村待过的人，大概永远也无法理解我们卖米、卖菜时的心情。因为穷，穷到骨子里，才会格外计较那几分钱、几毛钱。可也正是这样的计较，我们丧失了更好的赚钱机会，有时过分俭省还会给自己带来损失。

我现在时不时嘲笑我的父母“不开化”“有穷人思维”，但从未因此怪罪过他们。其实，他们确实只会产生那样的认知、做那样的选择。这种思维方式已经深入骨髓，哪怕后来我们的生活境况好了，他们也无力挣脱。

（二）

七八岁时，我独自上街卖过一回菜。

母亲当时忙于秋收，没空去赶集，就让我跟着邻居一起去街上卖青菜。

那年全乡青菜大丰收，菜价很便宜，才两毛钱一斤。我守在那篮子菜后面，根本不敢吆喝，只能等着别人来询价。每来一个人，我就紧张地站起来，但对方往往只是瞟了青菜一眼，就走开了。

整整一个上午，只有一个妇女来买我的青菜，她一口气买了三斤，给了我一块钱。我找不开，最后她拿出五毛，我同意以五毛钱的价格成交。

邻居卖的是茄子，茄子的行情好一些，她很快就卖完了，拿着钱置办下周的生活用品去了，留下我一个人不知所措地守着那一大篮子满满的青菜，像个傻子。

很快就到了中午时分，集市慢慢散去，太阳毒辣辣地照下来。我知道今天这菜是铁定卖不出去了，只好把卖不掉的青菜都背到背上，步行回家。

回家路上，我又饿又热又渴，感觉背上的篮子差点就要把我的腰都压断了。我汗流浃背，一路走，一路歇，实在背不动、走不动了就崩溃大哭，哭完再咬牙背起篮子，一步一挪地回家。

那篮青菜很重，都超过了我的体重。平常走40分钟能走完的路，那天我走了将近两小时。

回到家时，我的肩膀被勒出了几道痕，小腿一直在打颤，我一屁股坐到地上以后就再也站不起来了。

母亲看到满篮子被太阳晒蔫了的青菜和我的狼狈样，开始骂我："卖不掉你就把菜全部扔在大街上啊，你那么费劲地背回家做什么？你傻啊？"

母亲的责骂有道理，那个品种的青菜略带点苦味，就是喂给猪吃，猪都不爱吃，但七八岁的我不懂得这些。我只是觉得，我背去街上卖的东西如果卖不掉，我就要原本原样地背回来，这样才能“不辱使命”。

至于我当天卖菜得来的五毛钱，能做什么呢？只够打一斤酱油。那个星期，我们全家吃了一周的水煮青菜和酱油拌饭。

两次卖菜，小小的我已经尽了全力，心里也有诸多委屈，但却没有得到母亲的安慰。整个童年时代，我已经习惯了这些，也理解母亲为什么会是那个样子。那时，我家里真的是特别穷，连去街上买一斤肉、去诊所开点药都得赊账。

物质的极度贫乏，让我的父母过得极度辛苦，他们光应付艰难的生活就已经力不从心，自然也会对孩子缺乏耐心，没办法再精细地抚育孩子了。

（三）

整个学生时代，我每天都在担心自己会不会辍学。

父亲总是拿不到工钱，但他又想让我们上学。于是，每年我们开学的时候，他就到处去借钱。有时候他连人家的门都还没进去，就被轰了出来。

我上初二时，要开学了，可学费依然没着落，父亲就带着我一起去包工头家里拿工钱。从进屋开始，我们就一路吃“软钉子”。包工头都不见我们的面，只是让他老婆出来招待我们，他老婆对我们笑脸相迎，但就是一毛不拔。我们在他们家院子里磨了两个小时，一分钱也没拿到，只好灰溜溜走了。

那个学期的学费，后来父亲还是帮我交上了。我不知道他到底是从哪儿借来的钱，又遭受了多少白眼。

以上这些，只是我脑海里存储着的几个与贫穷有关的记忆片段。还有更多与贫穷有关的片段，我没法一一呈现。有时，它发生在我感知不到的时间和空间里。

前两年，我回到老家给父母买了一套养老房，还租了一辆越野车，带他们四处去走走。走到一个山坳的时候，父母突然讲起以前他们卖红薯的事。

三十年前，为了改善家境，我爸妈也曾尝试过做点小生意，比如包了一辆拖拉机，把老家的红薯运到市区去卖。

那时候，他们特别穷，连厚点的衣服都买不起，一去到海拔两千多米的市区就冷得瑟瑟发抖。两个人肚子饿了也不舍得吃饭，到了晚上只舍得去条件奇差无比、四处透风的大通铺上睡觉，和十几个从天南地北来的不认识的人睡一个房间。

红薯卖完以后，他们着急回家，但拖拉机在半路突然坏掉了，停在了盘山路上。司机修了半天也没能把拖拉机修好，他们只好在山上过夜。山上没有被子，没有御寒的衣物，他们只能生火取暖，但后半夜山上开始下雨夹雪，火堆熄灭了，他们几个人差点被冻伤。

那一趟下来，我父母赚了 40 块钱，买回了一头母猪。那头母猪，后来下了崽。母亲卖了小猪，换回了毛线，每天在煤油灯下织毛衣、毛帽到深夜，织好了就拿到街上去卖，每织一个毛帽能赚 5 毛钱，织毛衣则能赚两块钱。

看得出来，我的父母为了摆脱贫困，做出过很多很多的努力、付出过很多很多的汗水，只是因为时代原因、个人际遇和能力、远见等原因，他们没能从贫困的泥潭里翻身。但是，他们做对了一件事：不管家庭经济如何困难，从来没有想过要让我们姐弟俩辍学。

我时常想，如果当初父母不是让我站在他们的肩膀上，不是他们用尽全力把我托举到光明的地方去，我又怎么能成为今天的我？

现在，我时不时会想起小时候家里连买盐巴的钱都拿不出来的日子，想起找工作期间我住在那个不足 10 平方米的阴暗潮湿的小房子里的过往，也会想起那些一个人抱着腿蜷缩在床角流泪的艰难岁月……好在，我都扛过来了，一步步从农村突围到了城市，并且迎来了相对美好的生活。

（四）

贫穷是一种可怕的瘟疫，想要摆脱它并不容易。也正是因为我自己有过受穷的经历，我对那些能从贫穷的泥潭中爬出来、实现人生逆袭的人，一直充满着敬意。

“寒门贵子”想要改变命运，要承受很多常人想象不到的压力。你可能会很早熟，会很早慧，还要早飞，这是一个非常孤独的、充满自卑和血泪的过程。

农民的孩子一茬茬来到城市，先要忙着努力摆脱与生俱来的自卑感，忙着努力适应市民的角色，忙着改造“穷人思维”，下一步才能考虑自我提升。

很多从贫困农村出来的孩子，付出超常的努力，终于突出重围冲到城市，在这背后，是他们全家人以“你突围，我掩护”的惨烈方式换来的结果。

打小就生活在城市的人，很难理解我们这种从山沟沟里走出来、跑到“别人的城市”里谋食、谋生的外地人，他们从来没有机会体会到啥叫背井离乡，啥叫“被排外”和“要融入”。

我上大学时，是头一次去大城市，头一次出省。

我没见过、用过的东西可多了。我没见过、用过羽绒服，不知道世界上有空调、暖气片。

我也没见过更没用过马桶，上完厕所都不知道该按哪个按钮冲水，在厕所里急得满头大汗，又不好意思问人。

我没见过、坐过火车，不知道火车票要提前买，不知道火车上的饭菜那么贵。

飞机？我想都不敢想，总觉得这玩意儿离我太遥远了。我是参加工作后第三年，才第一次坐飞机。

家境殷实的人可能根本想象不到：城市文明对我们这种乡巴佬会造成多大的心理冲击，我们需要付出多大的努力才能克服烙印在骨子里的自卑。

刚上大学时，同学们踊跃回答问题，谈吐自信，我只能像看男神女神一样，看着同学们在舞台上闪闪发亮，心想他们怎么都那么出彩、那么优秀啊。更多的时候，我只想躲在教室角落里，像只怕被人发现的老鼠。

我真的差不多花了整整两年时间，才慢慢克服这种自卑，并且慢慢和大学同学缩小差距。我也是和他们在一起以后，才知道了自己的起点有多低，想要追赶上他们得多费劲。

“克服自卑”这种事儿，真不是说一说、喊一喊口号就有的，它靠的是积累。积累多了，你才有底气；底气足了，你才能谈自信。从大学到现在，我真的是攒了好多年，才拥有了今天这一点点自信。攒底气这事儿，靠的不是一朝一夕之功，有时候它是以十年为单位计算的。

（五）

杜月笙曾经有过这样一番言论：“你原来是一条鲤鱼，修行了500年跳了龙门变成龙了，而我原来是条泥鳅，先修炼了1000年变成了鲤鱼；然后再修炼500年才跳了龙门，倘若我们俩一起失败，那你还是一条鲤鱼而我可就变成泥鳅了。”

可能所有的“农二代”都会有这样的处境焦虑：城市里，你待得很辛苦；农村，你根本回不去。往上突破很难，往下滑的路却是滑滑梯，还是涂抹了润滑油的。你必须很努力，还要很小心谨慎。

穷孩子能逆袭成功，本就比别人难上数倍。逆袭之所以是逆袭，是因它本身就是一次逆流而上的艰苦过程。

能逆袭成功的，始终是少数人，你得有非凡的毅力、专注力、抗压能力、突破障碍的能力，你得吃很多苦，受很多累，跋涉很远的路，才能跟上别人的脚步，得到老天的眷顾。

作为一个从国家级贫困县的农村走出来的姑娘，有时真的会感慨：好的出身就是“好风”，是可以送一个人“上青云”的。别人在城市里已经开始平地起高楼的时候，我这个从农村突围到城市的外来务工人员还得先填坑。等我把坑填满准备起高楼的时候，别人已经开始起第二栋楼了。

你从一个小乡村里走到陌生的城里来，那城市既包容、新鲜又残酷、冷漠。城里的万家灯火，没有一盏是为你亮的；城里道路纵横，没有一条路是为你开的。城里的人们说着他们熟悉的方言，他们在这片土地上发生过的故事，你甚至都没资格围观。

你待得下去，就在城市里扎根，成为这城市里的一棵树，在这里开花、结果、繁衍。待不下去，就收拾好被褥行李，从哪里来的就回哪里去。

没有人帮衬，没有人照拂，没有人兜底，甚至都没有人给你加油打气，一切都得靠你自己。你开始尝试着去结交朋友，跟他们在这座陌生的城市里抱团取暖。你把自己当成一块钢铁来冶炼，希望自己有朝一日也能成为城市钢铁森林中的一颗螺丝钉。

这种“融入”，其实是一件挺痛苦的事情。你得一次又一次地“融化”乡村给予你的一切，洗掉它在你身上烙下的印记，把自己变成一条河流，汇入一片对你而言完全陌生的海域。

你的舌尖和胃，学会适应那座城市千百年来的饮食风味。你的耳朵和嘴巴，学会听、学会说那座城市的人们说了千百年的方言。你的身体，学着去适应那个城市的水土、气候。你的灵魂，也在这种日复一日的融合中，让人再也看不出往昔的模样。

你总是要比本地人付出更多、吃更多苦头，才能得到和他们一样的东西。你每年都得像候鸟一样迁徙，回到你熟悉的居所过冬、休整，再重整旗鼓回到城市迎接下一年的风霜。这种经历，磨炼了你的决断、你的勇气、你的敏锐、你的坚持，成就了你的荣耀与辉煌。

你原本只是到一个陌生的城市讨口饭吃而已，可最终，你却成了那个城市里的一个耕耘者和收获者。对于从乡村突围出来的人来说，乡村就像是孕育孙悟空的那块石头。石猴横空出世，石头也就爆裂了，再也回不去。你只能在“不断融入和飞升”的路上向前狂奔，把自己活成时代洪流的一部分。

从一个贫困的农家女到能在一线城市扎稳脚跟的畅销书作家、女老板，我用了三十多年。这中间，不知道流了多少汗水、血泪，付出了多少艰辛和努力。

我不敢写贫穷，但会把曾经的贫穷岁月当成我经历过的一个“谷底”。每次遇到逆境时，我都会想：无论现在多么困难，我的生活都不会比那时候更糟了，那么，现在我遇到的所有失意，都还是在那种生活的上方，那我还怕什么，还在乎什么呢？

一旦设定了这样一个“谷底”，就像是找到了一把度量生活的尺子。

这把尺子让我懂得感恩，让我发自内心地觉得我如今拥有以及正在追逐的一切是多么美好，而我不会再轻易被打倒。

这世界既残酷又温柔，但我相信每一个奋斗不息、想要逆袭的人都会得到命运的善待。

不是所有人，都适合辞职创业

（一）

毕业后，我就进入体制内工作，到辞职时已有 13 年。在这 13 年里，我完成了从学生到社会人的蜕变，从一个不敢正眼看领导的“新兵蛋子”变成了一个敢于在电梯里调侃上司的老将，从一个接到任务时抓耳挠腮、不知所措的“愣头青”变成一个能独当一面的业务能手。但是，我对那份工作的倦怠，也与日俱增。

长期重复性的劳动也让我对自我价值产生了严重的怀疑。我的时间、精力被淹没在日复一日琐碎的事务性工作中，而这些工作再也让我学不到新东西、看不到新的可能、得不到新的成长。但我依然在尽职尽责地工作，拿着一份稳定的、“比上不足，比下有余”的薪水，但却开始有“油条化”“怨妇化”的倾向。

某一天，我忽然觉得：这种状态，不正跟我离婚之前一模一样吗？对现状不满意，不看好自己的前景，却不敢付出行动做出改变，只是没完没了地纠结、抱怨。这样下去，我只会成为一个怨妇，一个负能量发射体，一个彻头彻尾的懦夫。既然离婚并没有让我坠入沼泽，反而让我获得了新生，为何我还那么害怕辞职？

我开始反省，是什么原因让我对未来充满那么多的恐惧？是未来真的很可怕吗？很多事情不是“难才不敢”，而是“不敢才难”，那我到底在怕什么？说到底，还是因为内心有太多的怯懦，不敢主动打破自己的舒适区，也害怕失败以后颜面无存。

留下来，拿一份稳定的收入，拥有一个一眼看得到头的未来；走出去，尝试更多的可能，去更广阔的天地去认识更多的人，未来不一定能收获成功，但一定能收获成长。至于颜面，那都是给别人看的。任何一个看起来光鲜亮丽的行当，背后都有各式各样的心酸苦楚、千疮百孔。既然走到哪里都要吃苦，那就换种苦法试试？苦瓜吃多了，尝尝黄莲的味道也不赖。

就这样，我提出了离职。

辞职当然不是目的，辞职后去做什么才是。之前，最令我纠结的不是辞不辞职，而是辞职后去干什么。我的选择是创业。

创业需要的不仅仅是勇气、胆识，还有资本、底气、积累、毅力、勤奋，甚至还需要有虽死不悔的认命。但我始终相信一点：爱学习、肯拼搏的人，不管在哪里，不管做什么事情，都不会让自己滑向万劫不复的深渊。

“辞职创业”，九死一生。失败了，可能会有人笑话你“不作就不会死”；活下来了，人们称赞你当初有勇气、有远见。这答案藏在未来，只能由我自己去寻找。

（二）

见我辞职创业了，一个朋友这样问我：“在这家单位久了，我书读得少了，文章不会写了，脑子都生锈了，见识也没长……怎么办呢？我要不要跟你一样辞职呢？”

我回复他：“我觉得你需要认真想一想，是这份工作让你没空读书、写文、思考，让你没法长见识吗？工作本身也是一个学习过程，但你在工作中学习了吗？工作之外的时间，你都拿去干什么了呢？”

这位朋友隔三差五就来找我抱怨，但是，他自始至终不肯付出任何有效的行动。终于，我忍不住跟他说：“与其说是这份工作造就了你的懒惰，不如说是你自己选择了自我放逐。我觉得，你可能只是想逃避，并不是真想去解决你面临的问题。”

要不要从一家供职多年的单位辞职？我觉得这是一个仁者见

仁、智者见智的问题。时间久了，任何职业都可能会让人感到倦怠。如果仅仅因为想逃避困难、追求享受而逃离，而不是出于对成长、成功的渴望而换个地方拼搏，那你的结局不一定会很好。

我看过这样一个笑话：一只兔子和一只鸟坐直升机，都嫌直升机噪声太大，鸟说“我受不了了，我要走”，兔子说“我也要走”，鸟看了兔子一眼，问它：“我有翅膀，你有吗？”

如果你想飞，先检查自己有没有翅膀；如果想游泳，先检查自己是不是练就了一定的游泳技能。只有看得清自己的优势、价值和缺点在哪儿的人，才能做出最适合自己的决定。

我认识一个年轻人，被家里亲戚“照顾”进某事业单位做编外文员。工资没多少，但胜在清闲。过年前，因为跟主管领导不和，她任性裸辞。过年后，她出来找工作，发誓不靠亲戚、只靠自己。结果呢？要么被拒之门外，要么过不了试用期。

得到第三家公司“不予录用”的消息后，她鼓起勇气问了公司老板自己不被录用的原因。公司老板只说她不大合适，却在她走后的某次会议上，拿她作为反面教材，告诫员工要加强学习、提升技能。

老板说她连 word 软件都用得不大顺溜，又不肯学，遇到困难习惯当“伸手党”，四处麻烦同事帮她托底，同事烦不胜烦，老板也认为这样的员工难堪大用。

她当然不承认是自己能力不足才屡次过不了试用期，只是找我吐槽："这种小破公司有啥好待的？如果我年前不裸辞就好了，我之前那份工作多稳定。或者，要不我去创业吧。"

在我看来，她的问题不在于裸辞，不在于做哪种选择。倘若她有一技之长，多一点傍身技能，又乐于精进和提升自己的工作技能，那么，不管她走到哪里都有饭吃。问题就在于，她是那种遇到问题只会张嘴问人，连动手去上网搜索一下答案都不肯的懒人。她连最基础的工作都胜任不了，成天只想着找一份稳定工作，又怎么适合去创业？

对她所提及的"稳定工作"，我也有些自己的想法。

大多数中国人择业，喜欢追求稳定，可世界一直在变化，有时稳定才是幻象。计划经济时代，能够成为国企职工，就是端上了"铁饭碗"。可后来呢，他们迎来了"下岗潮"。下岗以后，有的人快速在时代洪流中找到了自己的位置，有的人则随波逐流、潦草而终。

这世界上本就没有绝对"稳定的工作"。各行各业躺着赚钱的日子早结束了，未来可能还会迎来更多的变革。真正"稳定的工作"不是找个看起来稳定的单位待着，而是练就自己离开哪个单位都能活下去的技能。

洪水来袭的时候，最让人产生安全感的，不是一棵看起来难以被洪水撼动的树，而是你的自救技能。换而言之，“你是谁”“你有什么本事”比“你在哪里工作”更重要。

铁饭碗在哪里？它不是长在哪棵树上，而是长在我们身上。不管我们在哪儿工作，都要居安思危，努力练就能让自己安身立命的本事，拥抱和迎接变化，不断更新自己的知识和技能。只有保持努力，保持进取，方能在时代洪流面前过得从容一些。

如果你不满现状却又无比懒惰，那么，连神仙都救不了你。

（三）

前段时间，一个朋友跟我吐槽说，从国企离职创业后，她肠子都悔青了。

她大学毕业后就进入一家大型国企工作。在国企工作十年，做到了中层。在同学圈里，她的这份工作稳定，年薪 60 万元，工作环境也甩出别人好几条街。但是，因为她得罪了一个领导，领导成天给她穿小鞋，安排给她很多工作，而她又没办法换部门、换岗位，那段时间过得无比煎熬。

一气之下，她辞了职。走之前，她负气地想："此处不留爷，自有留爷处"。

辞职后，她开办了一家少儿英语培训机构，但因为招生困难，第一年就赔了五十万，后来又遇上了疫情。在过去的一年里，她每天都很忙，一心扑在创业项目上，忙起来时经常忘记吃饭，可最终这个项目还是赔了个底儿掉。

现在，当她看到单位里以前的同事一个个都升了职、加了薪，而之前处处为难她的领导也被调走了，心里很不是滋味。她找我诉苦，说她真的很后悔当年为什么要离职创业，再忍耐一下，现在说不定也就柳暗花明了。

我说，你这不是还没有走到最后嘛。人生是一场长跑，不必在乎这一时半会儿的得失。扛过去了以后，也许未来的你会感激当初那个敢于辞职的自己。往大了看，人生中那些看似很重大的决定，对我们的影响其实也没有想象中的那么大，毕竟它是我们深思熟虑的结果，不过都是"失之东隅、收之桑榆"。倒是那些我们看不上的小决定，可能影响我们一生，比如拐角遇到了意中人，比如开车玩手机。事已如此，你就放胆往前跑，也许属于你的逆袭机会，就隐藏在前方的丛林里。

我是基于对这位朋友的了解和信任，才说出这样的话。疫情稳定下来后，她的生源果然迎来了爆发式的增长。如今，她正在一步步摆脱困境，走向坦途。

然而，我也知道，有一些人，是不大适合创业的。

曾几何时，每天都有新闻在报道谁谁谁辞职创业成功，日赚多少万，创业几年身家几千万。还有无数成功学、励志鸡汤用无数创业成功大佬的故事告诉你，创业去吧，去创业你就一定会变有钱。一时间，创业变成了一件非常时髦、非常酷、非常有追求的事情。如果你选择老老实实在一家企业打工，就显得太窝囊了。

这是典型的“幸存者偏差”效应。

所谓“幸存者偏差”，最早来源于“二战”时英军的统计，他们发现飞机主要受损部位集中在机翼，所以得出结论要加强机翼的装甲，但他们忽视了一个问题：腹部中弹的飞机大多数坠毁了。

“幸存者偏差”这个原理用在创业上也是一样的。创业成功的经验都来源于成功者，是因为人们忽视了失败者。成功了的创业者，到处去宣讲自己的经验，传播自己的成功逻辑，仿佛你只要跟着他们照做，也可以获得成功。但是，也有一大部分人辞职创业是以失败告终的，我身边就不乏这样的例子。

很有可能，失败者中有不少人沿用了成功者的方法，但仍然没能成功。失败者没法发表意见，很难将自己的教训与大家交流，很多人按照成功者的经验去做了，但仍然失败。

没有真正参与过创业的人，大概是不会深切感受到“钱难挣，犹如屎难吃”这句话的含义。也正是因为艰难，这条路才很少有人走。当一件事情有一定门槛的时候，我们需要先掂量一下自己是否达到了那个门槛。

创业从来不是逃避问题的手段，它是人生中另一段更具挑战性的旅程，并不适合贪图安逸的人。

（四）

我辞职后，一个老朋友问我：“以前你平台不低，薪水‘比上不足、比下有余’，发展空间也还是有的。说实话，现在你有没有那么一瞬间后悔离职呢？”

我说：“身心俱疲的时候有想过，但更多的时候会遗憾自己怎么没早点辞职，这样我就有更充足的时间去积攒创业经验、能力和资源。每一种选择都有它的弊端和困难，但我们要把绝大多数时间用在解决问题上，一去解决问题时，你也就没心思、没空当去思考已经既成事实的某个选择对不对了。”

辞职创业，从来不是一件很酷的事儿，只是一种人生选择而已，或者说，我只是换了个行业、方式去工作，并不意味着马上就会迎来轻松、自由的生活。每天，我都会面临各式各样的问题，而那些问题大多要比之前供职于某家平台时遇到的问题更棘手、更难解决。创业以来，我每日的工作时长是在体制内的两倍之多，睡眠时间被严重压缩，每天不做出点有效益的事情来就满心不安。每天，我都在学习，都在反思，都在整改，生活过得忙碌而充实。

有段时间，公司刚搬完家，我的业绩压力和工作压力很大，家里家外只有我一个人撑着，我当真是身心俱疲，有点扛不动了，整个人的心情变得很“丧”。

这些很“丧”的时刻来临时，我也会想：如果我没离职、没离婚，会不会过得比现在好一点？比如说，没离职的话，我如果哪天不想干活了，光混混日子也有钱拿，只要不出错，也能在体制内混吃等死，大不了就是不升职而已。又比如说，没离婚的话，我睁只眼闭只眼也能把日子过下去，老公“钱回来，人不回来”，也不错。

可是，这样的念头一在脑海中出现，我就会被巨大的羞耻感包围，连自己都鄙视起自己来。我老早就已经想明白这样一个道理：某些表面看起来比现在安逸的东西，就像是在漆黑夜里滑滑梯，你“嗖”的一声滑下去，滑的感觉很爽。但一旦滑到底，你会发现那是一片沼泽地。你滑下去的速度越快，就会陷落得越深，且再难产生重新上岸的勇气。

想往上攀登的人，谁不累呢？上进的本质就是和自己的惰性以及那些时不时会冒出来的可耻念头死磕，避免自己滑向充满污泥、难以自赎的沼泽地。

每个人都可能有深陷沼泽的时候，但越是这种时候，你越是要生出十二分的力气，狠狠地抓住自己的头皮，把自己从泥潭里揪出来。

如果你能把每一次的“沉沦”都当成一次学习的机会，那么，你的“得失心”自然而然会变淡一些，就更能在折腾的过程中做到“但行好事，莫问前程”。一个人若是有了这样的心态，你的情绪就不会被一时的疲累、得失和成败所左右了。

（五）

我从来都不认为辞职创业是一件值得骄傲的事。和离婚一样，它只是一种选择。

在一家平台中，做着一份稳定的工作，平日里对工作兢兢业业，工作之余把时间拿去陪伴家人、养生、发展兴趣爱好，也是一种能实现自我价值的、成功的人生。

我见过很多“上班族”工作得很开心、很富有激情，他们当中有些人都快要退休了也没能当上谁的上司，但对自己所从事的工作一直激情满满、热爱有加。难道他们不去创业，就不值得敬佩？

我问过他们中的某个人：“会不会因为自己一辈子没尝试过创业而遗憾？”

他回答：“不会啊。人都是‘吃着碗里的，看着锅里的’，但活到我这把年纪我觉得适合自己的就是最好的。一个人享多少福，就得吃多少苦。别看那些当老板的很风光，其实人家几天几夜睡不着觉、头发大把大把掉的日子也不少。我这辈子活得不焦虑，收入虽然不高，但是有时间陪家人，工作几十年同事对我评价不错，挺知足的。”

我觉得他说得挺好的。人就像植物一样，找对你的土壤、找对适合自己的生活方式就好。

如果暂时不知道自己是哪种植物、不知道自己适合哪片土壤也没关系。只要你愿意向上生长，无惧改变和吃苦，敢于接受暴风雨的洗礼，在哪里都能开花结果。

别低估自己的适应性和成长力，只要你愿意成长，在哪儿都能找到土壤。

而我们最终活成什么样子，是否能活出自己满意的人生，更大程度上不是取决于我们在哪里、从事什么工作，而是取决于我们到底是怎样的一个人，到底能为自己所热爱的一切付出多少努力。

不必介意成为“女强人”

（一）

2009年，我25岁，买入了人生中第一套房子。

我是怎么萌生买房想法的呢？当时，我跟男友分手了，分手后我憋着一股“你不爱我，自然有人爱我”的气性投入了相亲大潮。

在这股大潮里，我才惊讶地发现原来有房有车的单身男士居然已经变得那么抢手。有的人跟你约见面，自我介绍中就把“有房有车”列在第一位。

看着这帮有套房子就趾高气扬、在相亲市场上对女性挑三拣四的男人，我心想：“有套房子很了不起吗？要不我也买一套吧。”

当时，某网络论坛有一条主题为“自己买房买车的女人注定婚姻不幸”的帖子，底下有一千多条评论，有七成以上的评论支持这种观点，我还回了个帖子，驳斥这种观点。

单位取消房租补贴以后，我在广州珠江新城租了房子。那时候，珠江新城的房租还比较便宜，一套两居月租只需要两三千元，但每次交房租的时候，我难免会觉得心疼，心想我还不如拿这点钱去付月供呢。如果以后有幸遇到良人，再把这套房子卖了跟他一起买套大的。即使遇不到，我在这个城市也有个相对稳定的栖身之所。

我的决定遭到了一些亲戚朋友的反对，理由无非是：你现在已经是剩女了，再买了房子，以后就更难嫁了。

其实，当时我也不过才 25 岁而已。

还有人劝我，你何不等找到男朋友，再跟他一起买房呢？集两个人之力，可以买一套大点的三房，一步到位。

我没把这些反对的声音太当回事，因为我要独立买房的决心已势不可挡。最后，我在租住的小区入手了一套两房小公寓。我父母是一穷二白的农民，一分钱都没法帮我。为了凑首付，我找了十来个朋友借钱，最后总算凑足了。

买房之后，我把房子稍微装修了一下，就住了进去。再后来，我认识了前夫，我们结婚、生子但又和平离婚。

离婚时，前夫新买的大房子归他，我婚前买的小房子归我，他支付孩子抚养费，财产上我们毫无瓜葛，所以这婚离得很干净。从某种程度上来讲，我的婚前房产确实给了我离开那段僵死婚姻的底气和勇气。

孩子会走路以后，原先的房子明显不够住了，我萌生了换房的想法。换房后，广州的房价又猛涨了一波，我投资的一套房子也增值了三倍，而我只能庆幸“还好当初买得早”。如果之前我没有买房、换房，而是现在才买，那现在我的生活质量会降低一大截。

（二）

我萌生买房想法的那几年，社会舆论环境对“独立买房的单身女性”不大友好。网络上关于女性独立、自强、发展“她力量”的呼声远不如今天这么多。那会儿，“剩女”这个词横空出世，女孩子过了 25 岁还没嫁人俨然就是怪物。

买下房子后，我也随大流去相过亲，却被一些“相亲男”嫌弃我收入比他高、文笔比他好、去过的城市比他多，甚至还有人嫌弃我已经在婚前买了房、婚后不能跟他一起供楼。他们当中，有人说我是“女强人”，说是没几个男人受得了我的。

那会儿的我，一度很困惑，想不明白他们为何会这么想。

十几年后的今天，我们看得到：嫌弃女性比自己强的男人越来越少，单身女性购房者比例逐年增加，“买了房的女人很难嫁出去”早已经是一个可笑的伪命题。女孩子想要婚前买房、想放弃爱情追求事业，能听到更多赞同的声音。

电视剧《欢乐颂》里樊胜美那样等着男人买好房来娶自己的姑娘，开始被人们嘲笑；而像安迪那样靠自己买房、实现财富自由的姑娘，在婚恋市场上很难再陷入“曲高和寡、无人问津”的境地，因为她的选择面会大很多。换而言之，是她挑别人，而不是别人挑她。

我能明显感知到，时代是在进步着的，女性一代比一代更独立。世界越来越平，壁垒一个又一个被打破，新一代女性可以共享到更多的信息资源，可以极速增进智识。我们以前“开化思想”可能需要半年，而现在的年轻姑娘们用一天就够了。

我的闺蜜以前也有过“想嫁给一个有房男人”的想法。从 25 岁开始，她一直奔波在相亲路上，但总是“高不成，低不就”。到了 28 岁，她终于决定要买一套属于自己的房子。买房后第五年，她才遇上了现在的丈夫。

她说，买房这事儿，只要我付出了金钱和努力，房子就是我的，这事儿是可控的。遇上一份好的爱情，则需要机缘，这是不可控的。房子在某种程度上能给我带来安全感，即使将来我不幸离婚了，也能有个去处。

如今，我们经常坐在一起感慨：在买房这事上，女人独立得越早，就能越早实现财富升级。

的确，过去十几年，落到买房这事上，女人的独立意识辅以一定的经济基础和决断力，是可以直接转换为财富的。就我身边的女性而言，当年根本不指望靠男人买房的，一早就买了房子，享受到了最多的“房价上涨红利”。指望跟男人一起买房供楼的，没找到合适的结婚对象后，干脆自己买了一套房子，也赶上了房价上涨红利期。骨子里认为房子就该由男人来买的女性，幸运点的找着有房男人嫁了，不那么幸运的，现在还租着房子住，错过了最佳买房时机。

“单身女性到底要不要买房”，在我看来是一个伪命题。买不买房，只是一种购买行为，跟性别本就没有任何关系。舆论从不质疑单身男性买房，却把“单身女性买房”作为一条新闻来讨论，才真是“怪现象”。

很多人不赞成单身女性买房，不过是因为：在传统观念里，婚房应该由男方准备。可是，当“嫁得好”不再成为女性人生中的必选项，单身女性买房就不值得大惊小怪了。

（三）

我们这个社会的女性，总会因为在某些领域占据强势地位而遭受“女强人羞辱”。

什么叫“女强人羞辱”？“女人买了房就更没男人要了”就是最典型的一种。

除此之外，“女强人都婚姻不幸”“女人热爱事业就活该找不到男人”“谁会喜欢女强人，强势成那样”……这样的观点由来已久，而且大有市场。

大家似乎都认同这样一种观念：一个女人，若是没有男人爱，事业做得再大又有什么意思。女强人一定是强势的，不讲道理的，没有男人受得了她们。

陈腐的社会观念和舆论不遗余力地打压、矮化有事业心的女性，仿佛她们有事业心是原罪。

要我说，有些男性把“女强人”定义为不温柔，想象成“母老虎”，说到底不过只是一种性别刻板印象——因为对比自己强的女性充满了畏惧，所以要努力找出对方所谓的缺点来打压，以占据心理优势。

对他人和善、温柔，是每个“人”都应该有的品质，不分男人女人。也许，有些人就是做不到温柔，但是，既然这世界允许有强势的男人，也应该允许存在强势的女人。

一个真正心胸宽广、追求进步的男人，在见到比自己优秀的女性时会报以欣赏、研究的态度：“她好棒，她是怎么做到比我成功的，她有哪些地方值得我学习”。这是一个“人”，对“另一个人”的欣赏。而一个心胸狭隘、只会从性别维度来看问题的男人，若是遇到比自己优秀的女性，他的反应一般是：“又是一个女强人，她们都好恐怖”。

长期以来，“强势”就是一个专门用来攻击女人的名词。

人们说一个男人“强势”，表达的往往是“专断”的意思。但是，当“强势”这个词和女人摆放在一起时，就有了别样的意味，这个词指代的往往只是：有主见，不顺从。

你不同意我的观点 ＝ 你强势；
你不服从我的安排 ＝ 你强势。

女人稍微有点主见、敢于坚持自己的底线和原则，就被斥为强势。可强势这个词的真正意思是什么呢？是不尊重他人的意愿，是强力干涉别人的生活。你压迫我、干涉我、伤害我，我反抗，我拒绝吃这一套……这不叫强势。

如果我们只把“强势”这个形容词视为中性，那他们一定会发明另外一个更恶毒的诅咒等着你：你强势 = 你没有女性魅力 = 男人见到你就躲着跑 = 你婚姻必定不幸。

就我所见，强势男人婚姻不幸福的更多。很多婚姻散架，是男人太强势惹的祸。但是，人们很少说“强势的男人婚姻大多不幸福”。

有些人看到一个女的有房有车有钱，生活中比较独立、能干、有主见，没男人也能活得好，就很喜欢说人家强势，说“强势女人婚姻不幸福”。

你与其说这是不屑，不如说是女性的崛起力量让他们感到自卑、慌张和害怕，而打压“女强人”，能迅速地抚平这种内心的慌张，重建崩塌了的内心秩序。

以前，我也很烦别人说我“强势”，现在我把它作为对我的褒奖，是对我的能力、气场的肯定。我不再惧怕被贴上“女强人”这类标签，反而愿意去迎接它、拥抱它，是因为我深深地相信性别、强势等标签不会成为阻碍我进步的绊脚石，我会用实际行动去证明：我能以更自信、更独立、更强势的姿态，来规划和走好自己的未来，放射独有的光芒。

作为女性，我们应该树立这样一种“自觉”：永远不要迎合“以弱为美”的审美体系和价值观，永远不要惧怕别人嘲讽你是“女强人”，永远不要接受社会对“女强人”的打压。

你看，动物界就不会拿道德、审美、价值观等主观性很强的东西来束缚和遏制雌性的强大。不管是雄性和雌性，动物们都会更欣赏强者，而不是“以弱为美”。

同样的，女性也要有狼性、有血性，要敢于去争夺话语权、决策权和社会资源。我们这个社会需要出现更多的女强人、更多的女性决策者，以改变整个社会对女性的刻板印象，进而推进平权运动向前发展。

如果你不小心成了女强人，那真是要恭喜你了。你可以过上更好的生活，有机会接触到更高层次的异性，可以选择自己真正喜欢的伴侣而无需考虑对方是不是具有“长期饭票”功能，婚姻不幸福了你也敢手起刀落地离婚，而不是委曲求全。

当女性从物质和精神上都越来越独立，就越有力量和能量去追求更平等、更自由、更美好的生活方式。你会拥有更多选择权、更多自由，你能对自己过去的选择负起责任，也能撑得起自己的未来。

你拿得起也放得下，赢得过也输得起。

以前，网友骂我“母老虎”“婚姻不幸的女强人”时我会生气。现在，我感谢人家对我能力和气场的肯定。不是谁都有资格做老虎、有底气离得起婚、有勇气当女强人的。

也别老跟姑娘们宣扬“扮猪吃老虎”的生存哲学了。扮猪吃不了老虎，老虎也很精的，哪那么容易让你吃？你不被老虎吃掉就不错了。

不想被老虎吃？最好是自己也变成老虎。当你真变成了老虎，那么，你不用扮老虎也可以吃猪啦。

如何治愈原生家庭带给我们的伤?

（一）

对我父母，我一直抱有非常复杂的感情。

和那一代父母一样，我父母身上也有专属于那一代人的狭隘和局限。

他们从来不夸奖我，哪怕高考我考了全市文科第一，父亲依然只跟我说“别骄傲”，母亲则会劈头盖脸说我很懒惰，早上起床都不叠被子。母亲写条短信都有错别字，可我都出了七八本书了，她还会挑剔我，说别人出书只写山水，只有我老写自己，只知道出卖自己的隐私。

他们都有点“窝里横”，喜欢讨好外人、苛求家人。他们对外人特别客气，客气到了一种讨好的地步，但对家人却总是口出恶言。

对外界的恐惧、对自我无能的愤怒，使得我父母脾气暴躁，夫妻感情长期不和，儿女们也没少遭殃。

我父母就没有和和气气过日子的时候，一年到头只有过年那几天他们能忍住不吵架。每年吃年夜饭，那种短暂的、和平的、其乐融融的家庭氛围竟会让我感到有点尴尬。到了大年初三，他们又为巴掌大的事情开始吵架，那时我才觉得家庭氛围恢复了“正常”。

小时候，被父母打骂是我的“家常便饭”。我身边的同龄人也经常被父母打骂，我一直以为这是“正常的”。

从 11 岁开始，我人生中几乎每一个决定都是我自己做出来的。这方面，我父母倒是挺尊重我的意见，当然，这种自主和自由也是我自己争取得来的。我的学习成绩好了，得到的社会评价高了，遇事敢于捍卫自己的边界了，他们也只好放任我自流了。

学生时代，我很孝顺，也懂得体谅父母的辛苦，不愿意辜负含辛茹苦供我上学的父母。参加工作后，我开始回馈父母。我带他们出去旅游、坐飞机，给他们在老家买养老房，让他们成为村里最受人艳羡的对象。但是，我得承认，有时候我还是有点“怕”我的父母。

我已经攀爬到了比父母所处的位置不知道高多少步台阶的地方，从我 17 岁开始他们就完全无法掌控我的生活、左右我的任何决定，可在某些时候，我还是像老鼠怕猫一般“怕”他们。这种“怕”，倒不是源于“畏惧”，而是源于“爱自己”。我想保护现在这些来之不易的平静生活，不想再任由他们掀起家庭的风浪，不想任由他们拖着我，回到我小时候经历的那种生活模式中。

年少时，看到作家们都在讴歌自己的父母伟大、无私，看到别人“晒”自己的父母有多爱自己，我也会有点“你们看看，我也有”的小虚荣心。那时，我也写一些讴歌父母伟大的文字，对他们身上那些局限以及对我切切实实的伤害视而不见，仿佛我这么做，就是一个“有父母爱”的幸福孩子，和周遭的人并没有什么不同。

可是，当我渐渐长大，当我已经成了母亲，我才发现：我也是被原生家庭伤害过的人，我不该无视那些伤口，我还是得亲自揭开创可贴下面隐藏着的溃烂，给伤口倒上酒精消毒，让它充分暴露在阳光下、空气中，这样它才能结疤、痊愈。

（二）

我相信，受过原生家庭伤害的人，这世间绝不仅仅我一个。

每次我在文章中分享和我父母的互动情况，总能收到这样的留言：“同一个世界，同一个（爸）妈。”

这样的父母，在中国太常见了。

他们很爱操心，家里大小事务，该他们管的，不该他们管的，都要亲自过问。他们像八爪鱼一样，把自己的触角伸到家庭每一个角落。

他们爱控制家人，希望全家人都按照自己的意志去生活，并用自虐或虐人的方式逼你接受他们的控制。

他们太容易紧张，遇到针尖大的事情都觉得天要塌了，久久无法释怀。他们永远学不会大事化小、小事化了，永远学不会云淡风轻地解决问题。自己抗压能力弱，就把因压力而衍生的负面情绪全部发泄到家人身上。

他们太无私太勤快，每天像小蜜蜂一样勤劳，做起家务活就停不下来，恨不能把所有的一切奉献给家庭。当然，这种极度勤快和无私的背后，是极爱抱怨和极爱索取。

世界上没有无缘无故的付出，一个“高付出”的人期待的一定是“高回报”，一旦别人回报不了等值的东西，他们就会幻化为魔。他们一方面无私付出、过度奉献，一方面用最幼稚的手段伤害家人，其心理逻辑无非是：我为你付出那么多，你凭什么要这样对我？

归根结底，是因为他们自始至终没找到自我。没有自我的人，一般只能通过他人这个“镜像”找到自己的“影子”和存在感。也就是说，越是自我溃散的人，越容易把自己的价值建立在别人身上（比如，对儿女无私奉献），越要靠外在的评价来肯定自己内在的价值（向家人索取情绪价值以及“窝里横，外面怂”，本质都是为了寻求外界肯定）。

如果你按照他们认可的方式肯定他们、赞美他们、讴歌他们，把他们捧上神坛顶礼膜拜，他们就会觉得自己活得有价值；但凡你对他们的言行有半点否定或忽视，他们就觉得自己在你眼里的“自我”破碎了，自己的存在毫无意义。这种存在感一旦缺失，他们爆发的负能量就会很惊人。他们自觉付出得越多，这种爆发就越有杀伤力。

没有自我的人，一般极度缺乏安全感，而这类人索取安全感的方式往往是这样的：要么，我自虐，测试你到底在不在乎我；要么，我虐待你，看你为我难过，我才能感受到一种被在乎的快感。

家庭氛围不是由那个最会耍宝、最会制造快乐的人决定的，而是由那个最不会控制情绪、最擅长绑架全家人情绪的人决定的。这就是家庭氛围中的“短板理论”。

一个常年不快乐、难以被取悦的妈妈或者爸爸，对一个家庭来说简直是一场灾难。孩子没有愉快的童年，无法自由舒展地成长，甚至连在私下里偷笑几下都像是一种罪过，是一种对父母的背叛。

孩子从小就学着要承担父母的不快乐情绪，被迫扮演大人的角色，小心翼翼地讨好和取悦父母，只为换取片刻的欢乐氛围。而从小活得压抑而憋屈的孩子，长大以后要花很多年的时间与自己的自卑、恐惧、讨好型人格作斗争。

家庭原本是一个温暖快乐的港湾，但你家里若是有这样一个人，这个港湾随时可以化为冰窖，变成你铆足劲儿想要逃离的地方。

我的父母以及无数和他们一样的父母，已经在“没有自我”的路上走得太远太远，无法再回头了。而我，只能无数次告诫自己：不要做一个不快乐的母亲。

如今，面对孩子，我也会有比较烦躁的时候，但情绪失控的情况是极少的。我会鼓励和肯定孩子，有时候觉得自己做得不到位了，也会诚恳地跟女儿道歉。我想把父母留给我的成长缺憾，都补给我的孩子。我想保持乐观积极的心态，做一个情绪平和的母亲，给孩子足够的爱、尊重、陪伴。

（三）

小时候，每次看到父母吵架，我都躲在房间里不敢出声。一听到屋外传来锅碗瓢盆的异响，我心里都会“咯噔”一声，担心他们俩当中的哪一个会不会有更过激的举动。

我参加工作以后，把全家拉出了贫困泥潭，家庭经济条件好一些之后，他们也变文明了些，但还是吵架。我还是会去劝架，可最终我发现自己依旧啥也做不了，还搞得自己心情很差。

再后来，我选择远离，不再参与他们的剧情，顿时觉得整个世界都变清静了。父母不和，那是他们之间的事情，我没义务承接他们的坏情绪，我也不是救世主，管好“我的事情”就可以了。

以前，我也总是很容易被母亲说的“我还能活几年，你会后悔的”给吓唬到，但后来，每次她说这种话，我就淡定地回答她：“儿女和父母，谁先死还真不一定。谁懂事，谁更负责任，谁就更容易拼搏过度、心力交瘁、精神恍惚，然后早早归西。”

母亲顿时就闭嘴了，而我觉得这种“不被孝道绑架”的感觉真好。

时不时的，我也会跟她讲讲林徽因的故事，虽然她根本不知道林徽因是谁。

林徽因和自己的母亲何雪媛也老是吵架。何雪媛做人很无趣，林徽因她爹林长民不是很喜欢她，所以后来又娶了个老婆。何雪媛因为生不出儿子，内心非常自卑，对全家人恶意满满。她不敢冲给她发饭票的林长民发火，就把内心的愤怒都撒到林徽因身上。那时，林徽因和母亲住在后院，每次她去充满阳光、快乐、自由、幸福的前院去玩，回来就会被母亲责骂。

林徽因结婚后，带着母亲与梁思成住在北京。她同父异母的二弟要考清华，暂时寄宿在林徽因家中。二弟一来，何雪媛看她这个弟弟各种不顺眼，天天给他使绊子，她认为自己这辈子之所以不幸，都是因为二弟和他妈造成的。林徽因一边安抚弟弟，一边跟母亲吵架，疲累不堪。这段时间，林徽因吐槽说，是母亲把她赶进了人间地狱。

抗战爆发，林徽因一家南迁，去了昆明。这期间，林徽因因为保姆的问题，和母亲大闹矛盾。何雪媛总是忍不住对保姆指手画脚，不该管的时候乱干涉，不该惯的地方太纵容，搞得林徽因非常懊恼。林徽因后来发现自己跟母亲完全不是一个层次上的人，完全拿她没辙。后来，林徽因去世了，梁思成接着赡养何雪媛。梁思成去世后，梁思成的第二任夫人林洙还赡养了何雪媛一段时间。

林徽因去世时，享年仅 51 岁，而在这之前她跟病魔抗争了 15 年。何雪媛 1972 年去世，享年高龄 90 岁。

我跟母亲说：“你看，林徽因就比她妈命短。”

我这么说，不是说“父母比我们先死”这个命题不成立。我想表达的是：我们应该要有勇气抗拒父母拿孝道来绑架我们的人生。

“我生病”“我比你先死”“我是你父母”“我没钱”“我活得比你可怜”等，都不可以成为绑架别人服从自己的理由。

舆论、孝道等东西，就像是我们的衣服。它让我们活得体面，它有保暖作用，很多时候也会保护我们免受外界的侵害。可是，这样的“衣服”，很多人不是穿得刚刚好，而是穿太多了。一旦穿得太多，“衣服”也会成为你的牢狱和枷锁。

我也是成长到某个阶段后，才开始听到内心深处的另外一种声音：“你父母只是跟你有交集，你的人生、你的喜怒哀乐都是你自己的。”

就这样，我不再在乎父母给我的负面评价，不再用尽全力“表演孝顺”只为讨他们的欢心，不再全盘承接他们的暴躁、愤怒、抑郁的情绪，不再执迷于要做一个人见人夸的孝子，而是开始尝试着从“面具”下走出来，接纳父母其实也没有我想象中那么爱我，接纳我其实解决不了他们的心理困境，并学着享受真实带给我的轻松、自由。

如今，我会告诉父母：“生活方面，我会好好照顾你们，但你们的情绪问题主要靠你们自己解决。到了上有老、下有小的年纪，我也很累的。”

这样一来，我跟父母的关系反而变得更好了。

（四）

每个人的觉知力都是不一样的。我对人生、对自由、对幸福的这些探索和体验，没法分享给我的父母，主要是分享了他们也听不明白。他们已经形成了一整套固化的认知，只愿活在自己认定的逻辑里，我若是执着改造和影响他们，不过是为了满足自己的控制欲。

我只是珍惜现在和他们相处的时光，其他事情随他们去，这也算是对自我的一种救赎了。

过了 30 岁以后，也许是感知到父母正以非常快的速度衰老下去，也许是自己也变成熟稳重能扛事儿了，我对父母更多是报以理解和宽容。被他们气到了，几分钟就消气了，不会再像年少时那般，花几个星期的时间和他们对抗。

当然，也有可能是父母现在老了，身体变差以后，精神也变脆弱了。而我，早已经不是可以哭着喊着要父母为自己负责的小孩，我是时候该照顾他们的身心了。

就拿父亲来说，这几年他身上开始散发出一种只有老人才会有的特殊气味。这种气味，我在外公、外婆身上闻到过——他们现在已经去世很多年了。

老人味，又被称为加龄臭，是身体产生的一种叫作不饱和醛的味道，不是靠勤洗澡、刷牙可以消除的。这种味道，让我感到恐惧。很多时候，我甚至能感觉到，死神似乎就在不远的地方冷冷地看着他，想把他从我身边带走。

我恐惧这一天。也因着这样的恐惧，我甚至有点内疚，内疚自己在行动上体谅他们太少。生活中，很多时候我还是安心做他们的孩子，可我还能做多久呢？

一念及此，我心生怆然。以后啊，我只想多理解、爱护他们一些。

我不是在忍耐他们的坏脾性，而是发自内心的，不那么计较了。

以前我和父母对抗，是因为只看得到自己的不容易，且希望父母按照自己的意愿来弥补自己的不容易。而现在，我选择和解，是因为我终于看到了父母的不容易，放下了自己曾经的不容易，至少不再耿耿于怀。

父母也许曾对不起我们，但如果我们是一个能为自己负责的成年人，就应当明白：那已经成为过去了。我们终究要用某种方式，和他们和解，和生活和解。

（五）

“以人为镜，可以明得失”，父母也是一面镜子，能照见我们内心深处的缺陷，可以警示我们不要再走他们的老路。

发现父母的局限之处，我们对照着去改正，并成长为一个全新的自我，滋养下一代。这，也算是父母传承给我们的“财富”了。

一个人的长大，往往是从把父母赶下神坛开始的。如果我们一直认为父母是坐在神坛上的高高在上的权威，一直认为他们说的话就是圣旨，一直认为我们是需要他们负责的孩子，那么，当我们的生活中出现一点点不如意的事，就很容易怪罪父母，甚至通过自杀、离家出走等方式要挟父母，逼父母满足自己的需求。

那些把父母当成祸害的人，都普遍存在着这样一种心理：父母既然生了我，就应该对我的人生负责，就得照顾好我、给予我无私的爱、做我的榜样和后盾、不断引领我前行……如果父母不能时时刻刻做到这一点，那父母就是恶魔。他们过于认定父母就该是要能满足他们一切需求的人，一旦这种渴求得不到满足，他们就会愤懑、怨怼、报复。

没有谁的人生是一帆风顺的，上帝不会供给我们所渴望的一切。来到这个世上，我们注定要面临各种愤恨、失望、痛苦和劫难，但有些不好的事情发生，也有助于我们清醒过来，产生更强的能量，然后蜕变成为一个更宽容、更平和、更有爱的人。

“众生皆苦”，那些伤害我们的家人何尝又不是？他们也有局限，也要面临各式各样的困顿和压力，又或者，他们本身就是魔鬼，所以没法对我们更好。但是，我们可以选择自己对自己好。

即便父母真的不愿意、没能力对我们好，那我们依然要手握离开他们然后去找寻对我们更好的人的权利。怕只怕，你一直沉浸在过去的经历和受害者的身份之中，无法对当下的善意、温暖和爱敞开心灵。

如何治愈原生家庭带给我们的伤？我的建议是：站到圈外去，站到高处去，俯视这个正在受苦的自己，然后生出慈悲心。

“慈悲心”的第一要义是什么？是先放过自己，对自己慈悲。如果一直臣服于积怨，我们就会一直处于“他怎么可以那样待我”“他

亏待了我”的愤恨之中。在这种心态下，我们的心灵也被囚禁在了暴怒和仇恨之中。被这种情绪裹挟，于人于己都不是一件好事。

我们已经是成年人，已经完全可以为自己的命运负起全责。

学会自我负责和承担，学会释怀和放下，让自己强大起来，成为“问题的解决者”而不是“问题的受害者”，我们才对得起那些受过的苦、流过的泪，成长为比父母更好的人。

第四章

从『灰姑娘』到『王后』的逆袭

从“灰姑娘”到“王后”的逆袭

（一）

以前，我非常不喜欢《灰姑娘》这个童话故事，因为这个故事剧情实在太老套了：一个在灰暗环境中长大的姑娘，忽然有一天被贵人相助，并认识了一个王子。王子对她一见倾心，把她从水深火热中拉了出来，拉到了光明的岸上。

所有的“玛丽苏”剧情，都有一个悲惨的开始。灰姑娘先是死了妈，接着爸爸娶了一个恶毒的继母，继母带来了两个心地不好的姐姐。灰姑娘经常受到继母与两个姐姐的欺负，被逼着去做粗重的工作，经常弄得全身满是灰尘，被戏称为“灰姑娘”。

有一天，城里的王子举行舞会，邀请全城的女孩出席，但继母与两个姐姐却不让灰姑娘出席，还要她留在家里做工作，这让她非常伤心。

这时候，灰姑娘的贵人——一个会魔法的仙女出现了，她将老鼠变成马夫，南瓜变成马车，又变了一套漂亮的衣服给灰姑娘穿上，还送了她一双水晶鞋，鼓励她去参加舞会。但仙女同时也提醒她，不可逗留至午夜十二点，因为十二点以后魔法会自动解除，一切会现出原形。

灰姑娘很开心，赶快前往皇宫参加舞会。王子一看到她便被她迷住了，立即邀她共舞。

眼看就要到午夜 12 点了，灰姑娘不得已马上离开，在仓皇间留下了一只水晶鞋。王子很伤心，于是到全国各地探访，找出能穿上这只水晶鞋的女孩。

故事的最后，尽管有灰姑娘继母及姐姐的阻碍，王子仍成功地找到了能够穿上水晶鞋的灰姑娘。王子很开心，向灰姑娘求婚，灰姑娘答应了，两人从此过着幸福快乐的生活。

童话不能细想，一细想你就会发现它存在很多“情节硬伤”。每次看《灰姑娘》这个故事，我都会产生两点怀疑：

第一，王子是“脸盲”吗？跳了一晚上的舞，居然不知道灰姑娘长啥样，还需要通过让全城的女孩来试穿鞋子，才能找到自己的心上人？故事并没有说灰姑娘跟王子跳舞时，还戴着面纱。

第二，既然水晶鞋是合脚的，为什么还会那么轻易地在奔跑过程中掉下来？

童话《灰姑娘》中的“水晶鞋”，是一个有点可怕的隐喻。水晶鞋，外表看起来非常绚烂多彩、光鲜亮丽，但穿起来并不舒适。穿水晶鞋，更像是一种酷刑，而不是一种荣耀。豪门规矩多，灰姑娘嫁入豪门后，未必能过上幸福似蜜糖的生活。虽然，不可否认的是，这依然是她实现逆袭的一次宝贵机会，以后她的生活应该不会比以前更差了。

少女时代，我一直不喜欢《灰姑娘》这个故事，是因为它不符合我一贯坚持的“要靠自己改变命运”的价值观，类似这种童话会让无数女孩做起白日梦：哪怕你现在生活在一片灰暗之中，只要忍耐得够久，只要愿意等，属于你的王子一定会来救你，让你过上不劳而获、雍容华贵的生活。

我一度觉得，这是一种极其糟糕的价值观。

女儿七八岁时，我跟她一起重温了《灰姑娘》这个故事，却看到了另一层寓意。

在这个故事里，灰姑娘的爸爸像是死了一样，任由妻子和两个继女随意对待自己的女儿，而灰姑娘甚至都没办法向亲生父亲诉说委屈，说明父女俩之间的沟通存在一定问题。

当父亲出远门，问灰姑娘要什么礼物时，灰姑娘只说要碰到他帽檐的第一根树枝，那个粗心的爸爸果真只带了这样的礼物回来，却给两个继女带来了她们期待的漂亮衣裳和珍珠钻石。这哪里像是一个爱孩子的爸爸呢？

在之后的故事情节中，这个神奇的爸爸就在故事里消失了。有的童话版本说灰姑娘的爸爸死了，家里都是继母说了算，但我觉得这种情节设定，还是没法掩盖这位爸爸对亲生女儿的不上心。他自己娶的是怎样一个女人，他心里没数吗？在这样的家庭关系中，灰姑娘有怎样的处境他不明白吗？他明知道自己有一天可能会离开，却不提前安排和打点好一切以免除灰姑娘的后顾之忧，这还算是一个合格的爸爸吗？

从某种程度上来说，我觉得是灰姑娘的父亲把她推进了不幸的泥潭。缺失父爱的灰姑娘，被继母虐待，被两个姐姐欺负。曾经“十指不沾阳春水”的她被当成家里的女佣，穿最破烂的衣服，住最差的房间，被嘲笑，被戏弄，甚至被限制人身自由。

像她这样的姑娘，想要实现逆袭，那得多难啊。

（二）

在一个糟糕的原生家庭中长大，灰姑娘何德何能，竟然让王子爱上她并娶她为妻，进而实现“命运逆袭”的呢？会魔法的仙女，只是助她实现逆袭的“外因”。以下三点，才是真正的“内因”。

第一，灰姑娘懂得审时度势。

在童话故事里，灰姑娘因为不能参加王子的舞会而在家伤心难过，并因此而得到了贵人的帮助。表面看起来，是仙女的出现改变了她的命运，可实际上这一切不过是她自己努力争取的结果。

面对继母和两个姐姐的戏弄和虐待，她足够隐忍，从不呼天抢地到处卖惨，从不和继母以及两个姐姐产生正面冲突，只在日复一日的劳动中，等待机会，积蓄力量。

王子在城堡里举行舞会，她立马敏锐地感知到：自己的机会来了，不能错过。

换作其他相同处境的灰姑娘，可能早就在日复一日的女佣劳动中，磨灭了心志，丧失了对美好生活的“争取力”。灰姑娘最令人佩服的一点，就在于：她认为自己配得上更好的生活，并且一直在为这一天的到来而做准备。

我们甚至可以肯定地说：如果仙女不出现，灰姑娘哭一顿之后，依然能找到去往王宫的办法。

这种“不认命”的劲儿以及审时度势的本事，正是灰姑娘能获取美好生活的前提。

第二，灰姑娘懂人性。

仙女的魔法，让灰姑娘得以换上华丽的服饰，坐上豪华的马车，成为舞会上最华贵的一个姑娘，连继母和两个姐姐都没能认出她来。而她一到场，就吸引了王子的注意。

没有礼服、马车，灰姑娘就不肯去参加舞会，是因为她非常懂人性，知道什么是吸引王子的“敲门砖”。“敲门砖”有很多，而她要拿去敲门的话，一定要用最引人注目的那一块。

我们想象一下：若她穿着那套沾满烟尘的衣服去参加舞会，只怕会被轰出来吧？又或者，如果她穿着普通，即使她再容貌秀丽、气质超群，也很难在短时间内吸引王子的注意。

她大抵是知道自己没有太多的时间去“酝酿”和“运作”，才要一出场就靓绝全场、一鸣惊人。

午夜 12 点钟声敲响的那一刻，魔法失效，灰姑娘就得回到属于她的世界。此时，灰姑娘表现得特别清醒、克制。她知道自己的“短板”在哪儿，知道自己什么时候该离开，绝不恋战，绝不贪欢。

跟王子跳舞，对于普通女孩来说是一个求之不得的机会，但灰姑娘绝不肯让王子看到自己灰头土脸的一面，在午夜钟声敲响之前就亲手斩断这份快乐和荣耀。她的这种自我克制，赢得了王子对她的迷恋和好奇。

我甚至怀疑，灰姑娘给王子留下一只水晶鞋，是有意为之的。这只水晶鞋，是念想，也是线索。灰姑娘通过自己的智慧，以看似偶然的方式，制造了一个吸引王子前来寻找自己的必然机会。

第三，灰姑娘拥有很强的人格魅力。

单靠外在条件、美貌和舞姿，灰姑娘很难吸引到王子。我们可以“脑补”下：在跟王子跳舞的几个小时里，灰姑娘是靠什么俘获了他的心？当然是言谈举止，以及从言谈举止中传达出来的高贵气质。

明知道自己眼前所拥有的一切只不过是魔法变出来的，灰姑娘依然能不卑不亢地跟王子说话、跳舞，足见其内心强大。

一个人要拥有怎样的性格，才能在短时间内吸引到人的注意？你要自信，但不能自恋；你要谦卑，但不能自卑；你要聪明，但不能耍心机；你要足够纯真，但不要没脑子；你要会沟通，但不能乱说话……

不是什么人都能拿捏得住这样的尺度的。

当然了，童话毕竟是童话，“主角光环作祟”足以解释一切，但从灰姑娘的故事中，我们还是能探知到一些人生道理。

原生家庭是一个圆，很多人只能按照这个圆的轨迹度过自己的一生，而灰姑娘就像是那个圆上的一条切线。

她不甘于过女佣的生活，平日里在积蓄力量。她一直在拼命跑，使劲跑，甩开膀子跑，跑得飞快，跑到超越了她的继母、姐姐，跑到她们再也无法掌控她、追上她。快到一定速度，她就成功挣脱了那个圆，腾飞出去，成为了一条腾飞的切线。

我们当中有很多人，可能出生在一个并不令人满意的原生家庭，拥有非常不快乐甚至是痛苦的童年，但依然有很多人像灰姑娘一样，抓住一切可能抓住的机会，把自己从糟糕的原生家庭中脱离出来，走向了新生。

对于灰姑娘来说，这个机会是王子，而对你我来说，这个机会可能是一场考试、一次工作机会或是认识一个人，敲开一扇门。

这个机会，就是那个“生命之圆”上最关键的一“点”。找到这个“点”，努力让自己脱离原生家庭的魔咒，是我们每个人的使命。

（三）

我的一个男性朋友就是通过不懈的努力，找到了自己人生的“切点”。

他出生农村，有一个无比糟糕的原生家庭。他的父亲是个“混球”，从他记事以来父亲就赌博、嫖娼不断。他母亲含辛茹苦供他上学，但在他初中毕业以后母亲就去世了。

在姐姐和姐夫的支持下，品学兼优的他终于读完了高中，以非常优异的成绩考上了学费最低的师范大学。上大学以后，他不肯懈怠，把勤工俭学以外的时间都花在了学习上。

大学毕业后，他当了两年的老师，攒够钱以后又去读研究生，后来考上了博士。读博期间，他深得导师赏识，被推荐去美国交流。30 岁，他选择留在美国，在一家跨国公司担任高级管理人员，并在那里结识了和他一样优秀的亚裔女性，并与之结婚。

他的故事，我简述起来只有短短两百字，但没有人知道，在过去30年的时间里，他都经历了些什么。

我认识他时，他正在读大三。你知道那时候他有多拼吗？每天早上，他六点半就起床，先去操场跑几圈，然后吃早餐，认真上课。没有课的晚上，他坐公交车去很远的地方给高中生当家教。周末时间，他要么当家教，要么出去做兼职、发传单。

上课、勤工俭学已经占了他几乎所有的时间，但他居然还能抽出时间来每天阅读、背50个英语单词。

对英语，他有浓厚的兴趣，在图书馆借阅经典名著时，借的也全是英文原版。参加工作以后，他也没有丢掉英语。

英语的听、读、写他完全没问题，但口语是他的短板。为此，他结交了几个外国朋友，他教他们汉语，他们教他英语。

很多人问他，你一个穷教书的，把英语学那么好有什么用呢，又不能给你升职加薪。他轻轻一笑，不作回应。

慢慢的，他开始接到一些翻译任务，待兼职收入超过本职时，他辞去教师工作去读了研究生，而后又读了博士。因为英语好，他才得到了去美国交流的机会，腾飞到了大洋彼岸，最终活成了他们村甚至是整个乡镇里的“传奇”。

这个小时候住着漏雨的房子、上了高中以后连肉都吃不上的“穷学生”，靠自己的不懈奋斗和日复一日的积累，终于实现了华丽逆袭，过上了想要的生活。

我问过他，你那么拼干什么呢？

他回答，机会是留给有准备的人的，我相信自己配得起更好的生活。

他的故事，深深地影响了我，让我明白，越是深陷泥潭，我们越不能沉沦，越要抓住一切可能的机会实现逆袭。

时不时的，我也会有一些自怜情绪，感慨自己一路跌跌撞撞成长过来真不容易。我现在取得的成绩，确实有好大一部分是靠自己悟出来的、靠自己打拼得来的，谁都指望不上。但更多的时候，我会为自己感到骄傲。

就是因为有足够的悟性和执行力，我才终于得以摆脱原生家庭带给我的种种不良影响，成了自己人生的承担者、自己命运的掌舵人。

凡事都从原生家庭里找原因，这种思维不大可取，因为它忽略了人也有天性，也有主观能动性。不愿意为自己的人生承担责任的人，万事都想找原生家庭背锅，可问题是：原生家庭会影响你，但不欠你的，我们才是自己人生的“最大责任人”。

你要有这样的“自觉”：所有我正在做的事，都是我愿意做的。所有我做过的决定产生的后果，我都能独自承担。

现在，我更愿意相信，童话故事《灰姑娘》中的“王子”只是某种美好生活的代称。真正感人的，并不是王子对灰姑娘的爱，而是灰姑娘为了挣脱种种糟糕的境况所作的奋力逆袭。

这才是《灰姑娘》的故事带给我们的最大启示。

活成自己生命里的英雄

（一）

《一千零一夜》是著名的古代阿拉伯民间故事集，被誉为世界民间文学创作中最壮丽的一座纪念碑。在中国，它有一个众所周知的独特称呼——《天方夜谭》。

很早以前，我在这本书里读到过《渔夫与魔鬼》的寓言故事。

故事中的渔夫很穷，靠打鱼为生，某天他在海边捕捞到一个奇怪的瓶子。

渔夫很好奇，就打开了瓶盖，结果瓶子里冒出一阵青烟，他面前出现了一个青面獠牙的魔鬼。

魔鬼说要杀掉他，渔夫百思不得其解，问他为什么。

魔鬼解释说：“我是一个魔鬼，因此才被所罗门王咒封在这个铜瓶里，并被扔进了大海的深处，在黑暗、寒冷和孤独中待了几百年。在第一个世纪，我就想，谁要是把我救出去，我必须报答他，我会给他享受不尽的荣华富贵，可是没有人来救我。到了第二个世纪，我想谁要是救了我，我就给他指点发财致富的门路，可还是没有人来救我。到了第三个世纪，我已经习惯了黑暗、寒冷、孤独和绝望，这个时候我就发誓，谁要是来救我，我就会杀了他。”

渔夫灵机一动，问魔鬼：“我觉得你在撒谎。这个铜瓶这么小，怎么容得下你这么庞大的躯体呢？”

魔鬼问：“你觉得我不能住在这个铜瓶里？”

“对，我不能相信。”渔夫回答。

魔鬼犹豫了一下：“好吧，我满足你的愿望。”

说完，魔鬼变成了一股青烟，慢慢钻进了铜瓶里。

渔夫立刻拿起盖印的锡封，封上了瓶口，并把瓶子丢入了大海。

小时候，看到这个故事，我替渔夫拍案叫好，因为这个渔夫利用他的聪明才智战胜了凶恶的魔鬼。

课堂上，老师讲授这个故事的时候，还不忘加上一句：“这个魔鬼就好比我们在学习、生活中遇到的困难、挫折，如果你不用自己的努力去开动脑筋战胜它，你就会被它打倒。我们一定要像渔夫那样遇到困难不害怕，做一个聪明勇敢的人。”

那时，我们的立场是站在渔夫的立场，也是胜利者的立场上的。而魔鬼，光听名字就很凶恶，我们是学不会站在魔鬼的立场上去考虑问题的。

（二）

人到中年，再看这个故事，我看哭了。

魔鬼被封印在铜瓶里几百年，没人知道那三百年他是怎么过的。他在黑暗、阴冷、孤独的海底，是如何一天又一天咬牙坚持过来的呢？

起初，他还抱有希望，对救命恩人充满感激，所以他发誓，谁救他出来他就赠谁荣华富贵。

后来，他开始感到有些失望，但依然对自由世界充满向往，所以他发誓，谁救他出来他就指点谁获得财富的门路。

再后来，他的心也随着黑暗一同沉入海底，对自由的渴望让他对整个世界充满恨意，所以他发誓，谁救他出来他就杀了谁。

魔鬼何以会产生这样的心态？是因为所有苦苦追求的东西，如果等待太久，最后得到时就会变了味。

你小时候喜欢一个玩具，盼多年而不得，等你长大了，同样的玩具塞给你一百件，你也不会再想要了，你甚至可能会产生毁坏它们的冲动。

小时候你渴望过的父爱、母爱，父母从来没有给到过你，等你长成了大人，他们再来补偿给你，你会发觉你早就不需要了，而且，会无来由地对他们心生恨意。

你渴望在职场中得到肯定，也一直愿意为之而付出努力。但后来，不管你怎么努力怎么拼搏，最后升职加薪的机会一直没有落在你头上，你可能会对整个职场甚至对自己都心生恶感。

知名心理学专家武志红对这种心理，有过类似的分析：“一个渴望，是一种能量，可以想象它是一个生命。愿望实现，变成生能量；愿望失败，变成死能量。除非经由哀伤过程，即承认愿望失败的发生，这股死能量才会消失。否则，失望或绝望就会作为死能量沉积下来，藏在心中。”

在《渔夫与魔鬼》的故事中，魔鬼起初是一个充满感恩之心的人，但最后他之所以会变成一个想杀死救命恩人的人，就是因为他内心深处的渴望在无数次的等待、无数次的幻灭中，变成了一种能把他的自我淹没的死能量。

没有几个人能做那个渔夫，更多人只是那个可怜的魔鬼。

周星驰在电影《西游·降魔篇》里，设定了这样一个情节：被唐僧救出来的孙悟空，对唐僧没有感激，对佛祖没有顺从，内心只有暴戾，也只剩下暴戾。我觉得，这段情节的设定非常合情合理，因为每一场漫长等待，滋生的不是喜悦，而是难以言明、难以自控的恶意。

年少时我读不懂魔鬼，是因为那时我不知道人生每一种“得到”来临之前，都经历了不知道多少种绝望和幻灭。很多你迫切想要的东西，往往求而不得，而到最后命运愿意给你的时候，你只想冲命运大吼一句：“滚你的吧！老子不稀罕了！”

这么一想，我顿时觉得：人呐，本就是活一场意兴阑珊。

回到文中开头的那个渔夫与魔鬼的故事，我们不难发现：那个诚恳的、有一说一、说话算话、原始生命能量强大的魔鬼，永远玩不过会耍心眼的渔夫。渔夫所代表的，是一种更高级的玩法，魔鬼不过是他案板上的祭品。

渔夫运用俗世的聪明才智，轻而易举地就将一个单纯的渴望自由的灵魂再次打入万劫不复的地狱。之后，聪明的渔夫带着胜利的微笑飘然而去。

魔鬼再在海底待一百年会怎样呢？可能会产生更大的怨念。如果再次被放出来，可能想杀死的就不仅仅是渔夫一个人，而是所有人，因为他们当中有太多说话不算话的人。

如果再待两百年呢？哪怕有渔夫真的把他打捞上来并且把他放了出来，他可能也不愿意再出来了。在黑暗中待得太久，人可能会习惯、麻木，无所谓，爱谁谁，就这样吧。

我真的不喜欢这样的结局。我要是渔夫，可能不会再把魔鬼扔进海里，而是会去抱抱那个魔鬼，告诉他，等了这么久，你真是辛苦了，不要再回暗无天日的海里去了，你终于自由了，你看阳光多温暖。

我敢打赌，此时的魔鬼可能会在一瞬间，流泪不止。经过那么多年黑暗的、绝望的等待，他终于等到了一个懂他的人。这种“懂得”，足以宽慰他在海底委屈了多年的灵魂。

当代著名女作家严歌苓说过，不被善待过的灵魂，最能识别善良，也最能珍惜善良。

是的，承受过无数冷眼和冷遇的人，经历过无数次绝望和幻灭的人，你给他一点温暖、一点希望，他就能泪如雨下。

魔鬼本身是有知错和感恩之心的，并不是那种一承受厄运就要报复全世界的人，他有识别和珍惜善良的基础，而“给点阳光就灿烂”的这种情绪转变，只有在地狱里生活过的人才会懂。

（三）

我曾经在公众号上写过一个朋友的故事。

在前一段婚姻里，她经常遭遇前夫家暴，前夫酗酒后就把她往死里打。后来她好不容易才跟前夫离成婚，找了一个人很好、对她也很好的丈夫。丈夫是东北人，长得人高马大的，但待人接物温润有礼、谦和平易。

可是，再婚很多年后，她依然会做那种被前夫暴打的梦。她常常梦见自己被前夫揪着头发撞在墙上，脑浆都要撞出来，惊骇得她从梦里哭出来。

有一次，她跟现任丈夫吵架。两人在争辩过程中，她丈夫突然抬起手来挠头发，她误以为他要打她，竟本能地扶住身边的桌子，连连后退了三步。

她这个不经意的举动，让她现任丈夫顿时对她心疼得要命。他走上来，紧紧抱住她，任由她在他怀里哭得泪雨滂沱。她坦言：“那一刻，我觉得自己是安全的。这么多年来，我对家庭暴力的恐惧，似乎在那一刻得到了极大的缓解。”

有一年冬天，她跟着丈夫回了老家。天下大雪，她和丈夫准备出门，婆婆追到门口，硬给她戴上一条貂皮围巾。围巾戴上的一刹那，她已有了泪意，出门不久，她实在控制不住情绪，蹲在路边大哭起来。

丈夫问她怎么了，她说：“没什么，以前有多委屈，现在就有多感恩。”

这世界上，确实有一些美好的关系，能让我们受过的心理创伤不药而愈。你有过的心理创伤，后来遇到的那个人懂，并且他愿意像棉被一样接纳你、包容你、温暖你，这真是一件美好的事。谁不需要被治愈呢，谁不渴求希望呢？只不过，不是每个人都能在自己渴望的时候得到这些罢了。

在现实生活中，我们听多了《农夫与蛇》的故事，以为每个人都是那条恩将仇报的毒蛇，其实，这何尝不是因为我们自己内心虚弱？

因为对魔鬼充满恐惧，我们内心才会充满对抗，以战胜它为乐。你是将魔鬼扔进了大海，但你只是暂时战胜了他，获得了短暂的胜利感。你内心对他的恐惧依然存在，只不过这种恐惧被转移到了下一个捕捞起铜瓶的“倒霉鬼”身上。

然而，这世界上还有一种更强大的力量叫作悲悯。

当悲悯心产生，你的内心就不再有对抗心、战胜心，你有的，只是去接纳，去谅解，去融合，去化解。你会尊重本来的事实，体谅所有的情绪，并且，不再容易被“魔鬼”伤害。此时的魔鬼，在你心目中也不再是一个能置你于死地的、令人恐惧的魔鬼，他只不过是一个绝望的小孩。你才是那个大人，那个比他还要强大的人。

从这个意义上来说，魔鬼其实并不住在铜瓶里，他“养”在我们每一个人的心里。你是让他生还是让他灭，完全取决于自己。

一个不曾被善待和宽容过的灵魂，也很难善待和宽容别人。只有那些少数破除了“我执”的人，才能放得下自己所经受过的苦难，活成能“度自己”也能“度别人”的英雄。

电影《西游·降魔篇》里，唐僧的伟大之处，就在于此。

如果我们能放得下心中的魔鬼，也可以活成唐僧那样心境平和的自己。

不管经历多少次绝望、伤心、挫折、痛苦、幻灭，不管内心的魔鬼多少次冲出来想打倒我们，总有人还是会坚定地选择善良、感恩、洞察世事，不愿伤害任何人，不愿与内心的魔鬼一起坠入无边的黑暗。

我知道这很难，但请相信我，这值得。我们活的，都是自己的生死，自己的希望和绝望。绝望是人生的一部分，但我们都要活成自己的英雄。

你可以享受爱情，但要拥有独立灵魂

（一）

读安徒生的童话，阅读感受跟读《格林童话》有很大的不同。

格林童话，是由欧洲民间故事改编而来的，故事多是“玛丽苏”和“杰克苏”的套路。比如《灰姑娘》《白雪公主》《小红帽》等，讲的基本上是这样类型化的故事：很久以前，有一个善良的主角遇到了恶人，发生了一些悲惨的事情。某一日，一个强大的救世主从天而降，把这个主角从地狱中拉了出来，过上了幸福的生活。最终，好人有了好报，而恶人受到了应有的惩罚。

安徒生童话却不是这样。安徒生写童话，都是自己原创。他写得非常浪漫、有诗意，主角形象比较立体，善恶不那么分明，揭示的主题非常深刻。你会觉得，他写的童话并不是在单纯地讲一个故事，输出一套道德观，而是在讲孤独、人性、求不得、离别苦、人生悖论，他在讲人类面临的共同困境以及如何去解决这些困境。

安徒生的童话，我们每个人都可以看两次，一次是在小时候看，一次是在长大以后看。

在所有安徒生童话中，我最喜欢的一个故事是《海的女儿》。这个故事，在不同年龄阶段看，带给我的感触截然不同。

善良美丽的小人鱼非常向往人类的生活，终于在成年那天来到海面上，看到了海底以外的世界，并爱上了年轻英俊的王子。王子遇险，她不顾生命危险救下了他，把昏迷的王子送回到岸边，随后悄然离去。

因为喜欢年轻英俊的王子，小人鱼一心想要变成人形。为此，她自愿放弃了在海底宫殿里的优越生活，长出了双腿，变成了哑女。她用甜美的声音从女巫那里换来了变为人形的魔药，每走一步路就像是在承受踩在刀尖上的痛楚，她还承担着巨大的风险：如果她得不到王子的爱，就会化为泡沫。

造化弄人，王子误以为是邻国的公主救了他的性命，因为他醒来以后看到的第一个人便是邻国公主。王子要娶邻国公主，小人鱼则因为不能说话，无法告诉王子事情的真相。

小人鱼的爱情就此幻灭。她的姐妹们告诉她一个能重回大海生活的良方：杀了王子。可是，关键时刻，小人鱼将准备杀王子的那把尖刀丢进了大海里，选择了牺牲自己，并在王子和邻国公主结婚那天化为了泡沫。

小的时候看《海的女儿》，我只觉得小人鱼太可怜了。那时候，我的世界非黑即白、非善即恶，不管看什么文艺作品，我首先要问的是"谁是好人，谁是坏人"。那会儿，我看完《海的女儿》，很希望安徒生能够修改结局：王子最终发现救自己的人实际上是小人鱼，而邻国公主也发现了这个美丽的误会，自行选择退出，成全了王子和小人鱼。

小人鱼为了爱情倾尽了全力，这样的人理应得到王子的爱。我认为这样的结局，才能满足我对"公平"的期待。

二十来岁，我开始谈恋爱，开始在爱情里摔跤。我伤害别人，也被别人伤害。慢慢地，我开始明白这世界并不总是公平的，在爱情里更是很难找到公平。于是，我开始觉出小人鱼的傻气甚至是愚蠢。

王子的确是值得爱的，他有一颗金子般的心。当他在海边看到变成人形的楚楚可怜的小人鱼后，就把她带回了家。他称呼她为"美丽的孤儿"，给她一个容身之所。当他发现她有迷人的舞姿时，他会赞许她，以至于让她产生了误会，以为自己可以得到王子的爱……但是，王子自始至终并不知道当初舍命救了自己的人正是她。

王子从小成长在正常的人类世界，不可能相信她原先是一条人鱼，何况，她也没办法让他相信。她自导自演了一场凄美无言的爱情独角戏，感动得自己热泪盈眶。本该成为主角的王子，却从未参与过她的剧情。

小人鱼对王子的爱情，只是一场旷日持久的单恋、暗恋。她沉浸在这场自我感动的游戏中，只会默默地关心、付出、守护，常因王子的微笑、颔首而兴奋良久，也因王子的忧伤、蹙眉而悲伤难过。她当然也期待能得到王子的爱情，但王子爱上的却是别人。最后，她只能看着王子和他的心上人步入婚姻殿堂。

多年苦心孤诣的守候、暗恋，换来的只是一个苦涩的结局。

小人鱼原本拥有优渥快乐的生活，却因为爱上一个男人，就付出了沉重的代价。站在世俗的角度来评价，她蠢吗？当然蠢。

王子和邻国公主，门当户对、郎才女貌、互相成就，这才是良缘佳配。小人鱼是谁？在王子眼里，她只是一个从海边捡回来的孤儿，一个会跳舞哄他高兴的哑巴舞娘，是一个他想起来时就去逗一逗的玩具。他对人鱼没有爱慕之心，也产生不了欣赏之情，自然就没办法对她产生爱情。即使他有一天知道了救自己的人就是人鱼，知道人鱼为了追求“和他在一起”的梦想付出了多大的代价，他对她可能也只有感激之情。

没办法，俗世的男女之情就是这么不讲理：爱就是爱，不爱就是不爱。纵然你为他粉身碎骨，不爱你的人依旧不会爱上你。

爱到飞蛾扑火，爱到奋不顾身，爱到无所保留，本就是感情大忌。

我甚至可以为此写一篇长长的分析文章，论述这样一个道理：永远不要为了爱情放弃自我、改变自我。你是人鱼，那就保留人鱼的样子，吸引能接受你本来样子的王子爱上你。奋力迎合、自我牺牲，永远不会让你得到真正的尊重和欣赏。几百年前，安徒生在《海的女儿》里，已经告诉了我们这样想的女孩的结局。王子迎娶了人间的邻国公主，小人鱼只配化作泡沫无声无息地消失。

（二）

30 岁，我经历婚姻，经历过一场欢欣鼓舞的“得到”和一场黯然神伤的“失去”，我开始从《海的女儿》里，读出了一些不一样的味道。

我突然意识到，安徒生其实已经给了小人鱼一个光明的结局：她化身精灵，拥有了修炼自己灵魂的机会。

海底宫殿无尽富饶美丽，小人鱼应有尽有，但是她和她的族类一样，没有灵魂。

小人鱼的祖母是这么跟她说的：

“我们可以活到300岁，不过在我们的生命结束的时候，我们就会变成水上的泡沫。我们甚至连一座坟墓也无法留给我们心爱的人。我们没有一个不灭的灵魂。我们从来得不到一个死后的生命。我们像绿色的草一样，只要一被割断，就再也绿不起来了！相反，人类有一个灵魂；它永远活着，即使身体化为尘土，它还是活着的。它从晴朗的天空升上去，一直升到闪耀的星星上！正如我们升到水面，看到人间的世界一样，他们会升到我们永远不会看见的那些神秘华丽的地方去！”

听到祖母的这一席话，小人鱼的反应是怎样的呢？书中是这么写的：

“为什么我们得不到一个不灭的灵魂呢？”小人鱼悲哀地问。“只要我能够变成人，可以进入天上的世界，哪怕在那儿只活一天，我都愿意放弃我在这儿所能活的几百岁的生命。”

你当真以为小人鱼是为了王子，才想要到人类社会中去？

不错，一开始，爱情的确是让她放弃一切上岸的诱因，但其实，陆地上的生活才是她骨子里最向往的东西，而王子不过是这种向往的一个载体，一个理想王国里的“道具”。

小美人鱼丢掉了美妙的歌喉，宁肯承受像在刀尖上走路的痛苦也要来到陆地上，并不只是单纯地为了爱情。

对于小人鱼来说，“有灵魂”才是她的终极向往。

你以为她杀死了王子，回到了海里，就会获得快乐了吗？不是的。她可能会陷入无尽的懊悔、自责和痛苦之中，麻木地活完三百年，最后与其他族类一起化为没有灵魂的泡沫。

这根本不是小人鱼向往的生活方式。想通了这一点，我们也就不难理解，为何小人鱼即将化为泡沫时，会“向太阳举起了她光亮的手臂，第一次感到要流出眼泪”？相比从来不会流泪的其他人鱼，她已经开始拥有属于自己的一部分灵魂了，她很有理由喜极而泣。

对小美人鱼来说，灵魂才是生命中最好的东西，王子不是。小人鱼的特别，就在于她视这样的灵魂为稀罕之物。她所追求的，并不仅仅是肤浅的富足和幸福。

从这个意义上来说，《海的女儿》从来都不是一个单纯地为了爱情求而不得最终毁灭自己的故事，而是一则关于女性的成长寓言。

《海的女儿》这个故事，读来真是既美丽又悲伤。它首先是一部爱情教科书，教会我们这样一个道理：既然爱了就别求回报，要学会承担被伤害的风险，学会释怀和成全。

一开始，小人鱼的爱情是“小爱”，是付出要有回报，是多少耕耘多少收获，是一场华丽的“得到”。后来，小人鱼的爱情是“大爱”，是“但行好事，不问前程”，是“我付出你随意”，是一场盛大的“成全”。

《海的女儿》同时还是一则成长寓言。这种成长，不完全与爱情有关，还与独立、成熟、追求自我价值有关。

化为泡沫的小人鱼，“并没有感到灭亡”，她听到一个声音这样说：

> “人鱼是没有不灭的灵魂的，而且永远也不会有这样的灵魂，除非她获得了一个凡人的爱情，她的永恒存在要依靠外来的力量。天空的女儿也没有永恒的灵魂，不过她们可以通过善良的行为而创造出一个灵魂……你，可怜的人鱼，像我们一样，曾经全心全意地为那个目标而奋斗。你忍受过痛苦，你坚持下去了，你已经超升到精灵的世界

里了。通过你善良的工作，在三百年以后，你就可以为你自己创造出一个不灭的灵魂。”

这里的寓意已经非常明显：起初的小人鱼，只有得到王子的真爱，才能避免化为泡沫的结局，但王子的爱，终究是一种外力。最终，她放弃了王子的爱，选择了靠自己行善，拥有了得到灵魂的机会。

命运待小人鱼并不薄，相比得到王子的爱，“得到灵魂”无疑是一场更为光荣的嘉奖。

如果我们真的能沉下心来揣摩人鱼公主内心世界的挣扎和渴望，就能够理解小人鱼为何会在经受肉体和精神的磨砺煎熬后，放弃对婚恋的执念，并且，不再依赖任何人，踏上了寻找不朽灵魂的旅途。

你以为安徒生写的只是一个童话故事？不，他写的就是一个从觉醒到突破、从索要到成全、从依附到独立的成长寓言。安徒生一开始给《海的女儿》命名为《天空的女儿》，想要表达的似乎也是这层意思。

小人鱼自始至终没有因为爱情而改变自己追求灵魂的初衷，这本身就是一则最励志的故事，而每一则励志故事，听起来底色都是有点悲哀的。原因很简单：没有求而不得的磨炼，我们永远不可能

收获最可贵的成长。

安徒生用他自己的故事和他笔下的童话告诉了我们这样一个道理：人生本就是苦的，但我们不该放弃对灵魂的修炼、对自我价值的追求。

所以，心怀美好勇敢前行吧，虽死不悔。

愿你历经沧桑，眼神依然纯净

（一）

韩剧《大长今》火爆国内时，我看了两遍，当时我真是爱极了这部剧。某年我去韩国旅游，到访了《大长今》的拍摄地，虽然现实中的场景与想象中相去甚远，但因为那些场景与电视剧有关，我还是会心潮澎湃。

电视剧里的徐长今是个孤儿，她的母亲曾是御膳房的宫女，受冤屈后死里逃生，生下了她。

长今进宫后，靠着聪明、勤奋不断进步，但她屡遭暗害，掉入谷底。之后，她以女医师的身份再次进入宫廷，成为皇帝身边最出色的女医师。

我喜欢这部剧的原因，是它宣扬的价值观太积极向上了。如果我们拿韩国这部最火的宫廷剧《大长今》跟国内最火的宫廷剧《甄嬛传》相比较，你就会觉得两者之间的价值观差异非常有意思。

两部剧的剧情，有相似之处：女主角一开始都单纯、善良，却在入宫后遭到陷害、跌入谷底，但后来都触底反弹，实现了人生的逆袭。

甄嬛一开始无心争宠，只是无意中遇到皇帝，才开始了人生中第一场恋爱，也因此招来了其他妃嫔的嫉恨。她被陷害、栽赃，最好的朋友沈眉庄蒙冤，与她住一起的淳贵人被暗杀……这一切，使得她不得不开启自卫反击战。

甄嬛斗垮了华妃，却未曾想宫中最大黑手竟是皇后。她被皇后陷害，被逼离宫廷，去甘露寺修行。在甘露寺，甄嬛与果郡王平生了爱情，并怀上了他的孩子。为了拯救孩子，她剑走偏锋，勾引皇帝，奉子回宫。

再次回宫的甄嬛，对皇帝再无感情。当一个女人跟男人相处不再走心，而是只“走脑子”以后，相当于浑身穿上了盔甲但是再无软肋。此时，她利用起男人来，简直得心应手、所向披靡。最后，甄嬛设计斗垮了还对皇帝有感情的皇后，成为后宫至尊。

《甄嬛传》的演绎方式，逃不脱宫斗剧的老套路：一个小白兔一样的纯情少女，得到了权势者的宠爱，也因此招来几个贱人，老想去害她。她一开始也忍，也让，后来发现自己都已经退无可退了，别人还是不给自己留活路，就开始绝地反击，终于报复成功，成为人生赢家。

甄嬛历经了宫中百般的钩心斗角、争权夺利，最终靠权谋争宠上位。可是，整部剧看得人好累，因为所有女人一直在争宠斗狠耍心机，男人们则“乐得观虎斗”。女人们争宠的手段还特别小儿科，无非是：我让你流产，我毒你孩子，你揭穿我的面具，我出卖你的秘密。

大长今走的路线跟甄嬛完全不一样。她最初想要的是“最高尚宫”的头衔，实现母亲的愿望，但后来这条路没能走通，长今和韩尚宫被崔家所陷害，被贬为官奴。韩尚宫去世之后，长今触底反弹，阴差阳错成为医师，又回到了宫廷，得到了皇帝的赏识，最终得到了命运之神的眷顾，实现了自己的价值。整个过程中，她都是凭烹饪、治病等本事和才华吃饭的。

甄嬛也有才华，她会诗词歌赋，会吹箫，会跳惊鸿舞，但这些技能，更多是拿去吸引男人，少部分用来排遣寂寞。她最初是以色侍人，争夺的是皇帝的临幸和宠爱。被人陷害、爱情幻灭后，她被丢进尼姑庵，吃尽苦头。为了孩子，她决定返回宫廷，回到皇帝身边，成为“硬核大女主”。甄嬛能逆袭成功，靠的不再是美貌，也不是才华，而是杀伐决断和狠辣。她的眼神不再清澈，相反她的眼神变得越来越阴鸷，令人胆寒。

最终，甄嬛赢得了名利，失去了真爱，内心孤独地老去。最后一场戏，集荣华富贵于一身的甄嬛无奈地说“我累了，扶我睡一会儿”，面容平静而疲惫。此时的甄嬛，虽然在深宫里成为至尊女主，但往后余生，她只是一根在深宫中享受荣华富贵的朽木罢了。

长今不一样，她凭个人的努力、精湛的技能、心中的大爱，成为朝鲜王朝第一个女御医，夺得了“大长今”的名号。最终，她与意中人一起退隐江湖，悬壶济世，给老百姓治病。她没有成为所谓的人生赢家，却依然可以在朝堂之外继续实现自己的人生价值。

（二）

《甄嬛传》和《大长今》这两部剧都是宫廷剧，都讲到了宫廷险恶，都讲述了两位宫中女性通过不懈努力、争斗取得成功，但甄嬛和长今走过的路径、使用的手段、最终的结局却完全不同。严格来说，《大长今》已经不是宫斗戏，而是职场戏，甚至是一部社会戏。

长今是一个格局非常大的人。她一直在捍卫自己的价值观，捍卫社会公义，还多次冒着生命危险去拯救百姓。

有一回，长今和今英比赛做馒头，可长今被人使绊子，不慎遗失了面粉。长今只能用非常容易推广种植的大白菜和家家户户都种植的蒲瓜做成了一道菜肴，并跟皇太后解释："面粉对于老百姓来说太过金贵，而白菜和蒲瓜很容易就能得到。听说宫廷中的吃食和烹饪方式，宫外会竞相效仿，所以我才做了这么一道菜。"

甄嬛呢，在险恶的宫廷斗争中，基本上只顾得上自己了。百姓对她而言太遥远了，有时候她连自己的家人都保护不了。

甄嬛的报复和成功，用的不是正途，而是"以其人之道还治其人之身"。她用把自己变成了"当初自己所讨厌的人"的方式，实现了心中的理想和公平。

长今不是这样的，即使最亲的人被陷害致死，她的内心也没有被仇恨占据，她没有因此变成一个阴毒、凶狠的人。对待那些曾经的敌人和对手，她持宽恕和怜悯的态度，最终也获得了对手的尊重。

长今的这种宽恕和怜悯，绝不是所谓的"圣母"，她只是格局宽大。我甚至觉得，长今维护内心公义的手段比甄嬛高明多了。

甄嬛报复对手的方式，就是从肉体上消灭她；而长今则是先看穿敌人的贪婪和恐惧，接着在敌人精心编制的阴谋之网中寻找破绽，再利用这种破绽让敌人自己消灭自己。

做尽坏事的崔尚宫得知崔家势力被摧毁，跑去长今母亲明伊的葬身之地忏悔，请求明伊原谅她出生于那样一个家族，因为她别无选择。下山路上，崔尚宫看到一条红丝带，伸手去够，不料却失足滑向山崖。最后，她想起年少时和明伊、韩尚宫一起玩乐的时光，微笑着松开了手，跌落山崖。

在此之前，长今明明有机会告发她，将她送进义禁府去治罪，但是她没有，她只是跟崔尚宫说了这样一番话：

> “现在我很希望，娘娘能放开您握紧的拳头，舍弃富贵，舍弃权力。请娘娘您将握紧的拳头放开吧，您的手中并没有权力、富贵，只有那些含冤而死的人的眼泪，还有鲜血，那就是娘娘您手中所有的。皇上已经下了御令，将崔判述商团所有的财产归还国家，崔判述跟吴兼护右相大人，还有今英都被转进义禁府了。如果娘娘您不到义禁府去，那么将会由今英一个人承受所有的罪行，韩尚宫娘娘她为了救我，宁愿蒙受自己没有犯下的罪行，想必娘娘您也有这样的心意，我深信娘娘，至少有一点是跟我们相同的。请您到义禁府去吧。”

长今此举，实在比服下堕胎药然后嫁祸于人的甄嬛要高明多了。

甄嬛诛的是人，而长今诛的是心。

甄嬛杀死的是一个作恶的人，而长今杀死的，更多的是别人再想作恶的念头。

甄嬛的成功，会让旁人恐惧权力、恐惧“恶有恶报”；长今的成功，却会让旁人相信“善有善报”，不愿作恶。

甄嬛维护的，只是自己的胜利；而长今维护的，是崇尚良善的社会风气，是公平正义的价值体系。

人们“怕”甄嬛，但是，人们“服”长今。“怕”和“服”，这中间的差距大了去了。

高山挺拔，草木景仰；大海辽阔，江河来归。我觉得长今就是高山，就是大海。

我最喜欢的就是长今说的一句话：“我不要像那些人一样滥用饮食来累积自己的势力，也不会选择滥用医术来消除自己心中的愤恨。所以，请您协助我走正途，让我走正确的路来胜过他们！”

历史以及当下中国社会存在一个问题，就是对“我真是没办法了才这样”这种价值观的高度容忍。有的人不去嘲笑不择手段，却会嘲笑失败。

某些阳光照不到的地方，隐隐形成了“笑贫不笑娼”的舆论标尺和评价标准。成功和短期利益成为了唯一的目的，至于手段如何，有的人真不在意。

你以为大长今的故事只是一部童话？你以为大长今的那一套在我们的社会是行不通的？我觉得不是的。

我们之所以觉得她那一套不现实，更多时候是我们没有那么坚定的信念，没办法像长今一样一直对世事投入单纯和相信的心。

我爱极了《大长今》这部剧，大概也是因为，我爱极了长今那双历经沧桑和磨难但依然纯净的眼睛吧。

人生哪能多如意，万事只求不愧心

（一）

《如懿传》是2018年现象级网红剧。剧中“如懿”的原型，是乌拉那拉氏。《如懿传》的小说、剧情跟史实肯定是不符的，但历史剧（历史小说）与历史本就是两回事。

《清史稿·列传一·后妃》中，对“如懿”原型的介绍只有这样几句话：

> 皇后，乌喇那拉氏，佐领那尔布女。后事高宗潜邸，为侧室福晋。乾隆二年，封娴妃。十年，进贵妃。孝贤皇后崩，进皇贵妃，摄六宫事。十五年，册为皇后。三十年，从上南巡，至杭州，忤上旨，后剪发，上益不怿，令后先还京师。三十一年七月甲午，崩。上方幸木兰，命丧仪视皇贵妃。自是遂不复立皇后。子二，永璂、永璟。女一，殇。

> 四十三年，上东巡，有金从善者，上书，首及建储，次为立后。上因谕曰：“那拉氏本朕青宫时皇考所赐侧室福晋，孝贤皇后崩后，循序进皇贵妃。越三年，立为后。其后自获过愆，朕优容如故。国俗忌剪发，而竟悍然不顾，朕犹包含不行废斥。后以病薨，止令减其仪文，并未削其位号。朕处此仁至义尽，况自是不复继立皇后。从善乃欲朕下诏罪己，朕有何罪当自责乎？从善又请立后，朕春秋六十有八，岂有复册中宫之理？”下行在王大臣议从善罪，坐斩。

看来，乾隆对乌拉那拉氏确实是恨之入骨。

乾隆带着乌拉那拉氏皇后南巡时，皇后突然断发，乾隆大怒，把皇后打入冷宫。皇后病故时他还在四处游玩。皇后死后，葬礼级别比皇贵妃还要低，不仅取消了丧仪，还不设神牌，死后也无祭可享。

最可怜的是，乌拉那拉氏的灵柩未能进入乾隆的裕陵地宫，也没有单建陵寝，而是被塞进了纯惠皇贵妃的地宫。她死后，她生的儿子也失去了立储资格，二十几岁就郁郁而终。

皇后死了几年后，有臣子拐着弯儿帮她说话，还让乾隆再立个皇后，乾隆就把那个臣子查办处死了，也是从侧面印证了乾隆是真的不待见乌拉那拉氏。

以前看电视剧《还珠格格》，我总觉得乾隆的皇后乌拉那拉氏一定是内心太丑恶，才会让乾隆厌恶至此。可我们或许还可以做这样的揣测：乌拉那拉氏骨子里没有奴性，才敢跟乾隆叫板，而乾隆也未必像正史宣传的那么伟大、光明、正确。

乌拉那拉氏在宫中混了那么多年，未必不知道宫中是什么规矩，也未必不知道自己公然断发意味着什么，未必不知道自己和皇帝决裂会有怎样的下场……我估摸着，她之所以破罐子破摔，弃自己和亲生儿子的前途于不顾也要断发，可能是因为乾隆做了什么让她从骨子里就无法接受的事儿。

历史是由胜利者写成的，更何况那个胜利者是皇家。后人只知道乌拉那拉氏断发，却不知道引发她断发失宠的缘由究竟是什么。

历史上的乾隆，是一个很好大喜功、自我感觉良好的皇帝，他喜欢的妃嫔也向来是那种懂得压抑自我、成全皇家礼仪和风度的女子，比如富察氏，比如令妃。

真实历史上的乌拉那拉氏或许真如《如懿传》中所写一样，独立、倔强、追求至真至善至美，也未可知呢。

（二）

很多人看《如懿传》，总觉得不如《甄嬛传》过瘾。如懿明明是好人，可最后却被贱人害得节节败退，多丧气啊。

时光若倒流十年，我也会更喜欢《甄嬛传》。

甄嬛多快意恩仇啊。一个男人负了她、伤了她，她从此收起自己的感情，只把他当成自己的攀云梯，攀爬到顶峰后再一脚把他踹下去，哪怕这个男人是皇帝。

这样的故事，跟姐妹们讲起来时多解气啊，多“人生赢家”啊。人们会把鲜花、大拇指、艳羡的目光都送给她。

可我还是更喜欢《如懿传》。《甄嬛传》讲的是胜利，是获得，而《如懿传》讲的是幻灭，是放下。

我爱极了《如懿传》中皇帝跟如懿诀别的那个桥段。

如懿的小院子里，只有几声鸟鸣。院子里照着阳光，但却特别安静，那是一个萧索的秋天。

皇帝来见如懿最后一面，如懿知道自己将不久于人世，内心非常平静。

皇帝来之前，如懿把用来给自己“续命”的汤药一勺勺地浇进了绿梅盆栽里。听到身后传来窸窸窣窣的脚步声，她缓缓转身，把汤碗放下，轻轻欠了欠身算是问好。

如懿行的礼，是寻常百姓家妻子对丈夫行的礼，不是皇后专对皇帝行的礼。

皇帝开口便跟如懿寒暄，邀请她一同前去巡幸木兰或是留在宫中主持六宫事务，算是道歉，也算是给自己找台阶下。

对于那些过往，皇帝只是说“让你受委屈了”“过去的都过去了”“属于你的册宝，朕希望你能收回”。皇帝自知对不住如懿，但还是要拿着君王的架子。

如懿没有回答，只说：“皇上，你知道‘兰因絮果’这句话吗？我少时读的时候只觉得惋惜，如今却明白了，花开花落自有时。此次秋狝，一路保重啊！”

皇帝“嗯”了一声，似乎没能立刻领悟到这句话的意思，只是若有所思地慢慢走远。如懿对着皇帝远去的身影，下蹲欠身又行了一次礼。

这最后一别，如懿笑得云淡风轻，皇帝也只是淡淡地跟如懿说着话，但两个主角一举手一投足一颦一笑一开口，都能让荧屏之外的我们感受到一种浓到化不开的悲伤。

如懿心已死，神情萧索、寂然，但她最终还是原谅了她的“少年郎”，心境释然也了然。

我爱极了这一桥段，连看了好几遍，看到第三遍的时候，我哭了。据说，男演员在拍完这组戏后，情绪失控抱着导演哭了一两分钟。演这段的时候，两个演员确实都走进了人物的内心，所以，呈现出来的效果才如此动人。

为什么我会看到流泪呢？因为我也有过相似的心境。我明白，真正的诀别，是平静的，悲悯的，带着祝福的，但同时，它又是萧索的，荒芜的。

是啊，一波又一波的争斗和争吵无休止，人若终日身处这种旋涡中也会感到疲累。“一生一世一双人”只是镜花水月，终不可得，还不如静下心来，欣赏一场漫天大雪，感慨白茫茫大地真干净。

在故事的尽头，让一切回归到“初见”的模样，待到当年的那个“少年郎”再出现，我们就好好跟他道个别。

（三）

几年前，当我终于等到那个令我五雷轰顶的“离婚时机”时，我没有爆发，没有吵闹，没有流泪，也没有任何过激的反应。我只是转过身去，最后一次，充满疼惜地、温柔地、紧紧地拥抱了那个即将要成为“前夫”的人。

天亮以后，他赶着去出差，我最后一次求他抱抱，然后告别。

我曾经在一篇文章里，记录下了当时的真实心情：“不管过去发生过什么，那些恩怨都不重要了。重要的是，这一别后，从此萧郎是路人。那么，在这最后一刻，我有什么理由不温柔些呢？可能，他从来没有真正地爱过我。也可能，他对我做过很多很过分的事情。但毕竟彼此相爱过。那些美丽的片刻在人生漫长寒冷的旅途中，足够我们温暖很久了。即便要离开，我也想好好地跟他道个别。”

是啊，真正的诀别来临的时候，我们都是淡然的，安然的，认命似的，波澜不惊的。

人们常说，哀莫大于心死。可我觉得这句话不对，应该是“哀莫大于心不死”才对，因为“心该死，但是还没死”的时段，人生才是最悲哀的。

“心不死”，意味着心存希望，意味着你还想努力、还想挣扎，意味着你不想放手、舍不得放下，还想再试一次看看，哪怕你已经遍体鳞伤。

你不甘心就这样结束，舍不得就这样放手，所以，会为了追求“兰因絮果”而再自欺欺人走一段路，再最后做几次努力，幻想着兴许自己再坚持一下下，就能有个“好结果”了呢？于是，你清醒地犯着错误，明知道自己会做无用功还是会勉力一试，可最终你只是被现实无情地“打脸”，它打得你颜面无存，打得你怀疑人生。

心是一点点死的，从“开始死”到“死透”确实需要一个过程。这个过程给人的心灵带来的痛苦程度，不亚于“凌迟”。不信你去观察一下被火烧过的“焦炭”，是如何一点点从带火苗变成没火苗，接着变得滚烫、通红的。经过痛苦的炙烤、冷却，它只剩下点余温，最终才会变成一片白色的、冰冷的灰烬。

“死心”的过程，就像“焦炭变灰烬”的过程。唯有“灰烬”和“死透心”的状态，最为平静、安然、解脱。因此，哀莫大于心不死，幸莫大于心死透。

如果你去法院、民政局观察那些离婚的夫妻，你会发现：真正心死了、铁了心想要离开的那一方，脸上往往看不到什么表情。咒骂对方的，动手撕扯的，吵着架的，流着泪的，激动的，恳求的，往往内心里还残存着对对方的情感。这种情感，不一定是爱，但一定与爱有关，可能是“爱”这种情感的变种：恨、愤怒、不甘心、赌气、冷漠、内疚或是其他。

只有彻底放下了，释然了，完全不在乎了，才会微笑着跟你说：“此后，一路保重啊。”

如懿临死前，曾跟留在她身边的姑姑容佩聊起皇帝，但她提及的，都是些美好的事情。那些不堪的、痛苦的，她都淡忘了，放下了。

她会提及那些美好，并不意味着她还爱着他，放不下他。她只是全盘接纳了命运的这种安排，进而能站在一个更高远的角度去看待这场“兰因絮果”的缘分了。

每个人能拥有的美好回忆都只属于自己，别人只是友情出演。你若明白了这一点，就会明白如懿最后一次见皇帝时，不说“再见”不提“分手”只说“一路保重”的心情。

（四）

如懿完全没有《甄嬛传》中甄嬛、《延禧攻略》中魏璎珞一样的主角光环，她一直被人栽赃陷害，却不曾作恶，最多只是为自保而出手惩戒那些伤天害理的人。

她不是不敢，不是没能力，而是不屑。

她不像甄嬛，从发现男人把自己物化、工具化的那一刻起，就转而把男人当成自己成功路上的攀岩梯、垫脚石。

她也不是没这个能耐，只是不愿，不忍心。

《如懿传》并不是一部严格意义上的宫斗剧。这个故事讲述的只是一对曾经情深意笃的夫妻，是如何一步步形同陌路，最后走向离散的。

弘历（皇帝）和青樱（如懿）的爱情起于“墙头马上遥相顾，一见知君即断肠”，皇帝和如懿的情分终于“花开花落自有时”。深宫院墙内，她只把自己当他的妻子，他却要求她做好“皇后”这个“官职”。

如懿最终心如死灰，不是因为皇帝不再爱她，而是因为她不再看得起他。

在皇位上待太久了，被人奉承太久了，皇帝习惯了所有人对他顺服，不论真心还是假意。如懿是唯一一个能用平等眼光看待他的人，所以她会在他沉迷美色时尽力劝诫。她根本不把所谓的“前程”放在眼里，是真心为他着想，可他竟要求她“睁只眼闭只眼”，劝诫她学会“顺服”。

凌云彻被皇帝阉割以后，被扔到翊坤宫当太监。如懿说了一句：“我理解他为什么这么做，但没想到他真会这么做。”是啊，人性的嫉妒、贪婪、恐惧和卑劣，有什么好意外的呢？是个人都有这些劣根性。她只是没想到，她的“少年郎”居然也会这样做。

一个人不再爱你，并不值得你太过伤心；但是，倘若那个人慢慢变成了你最看不起的那种人，你当如何自处？除了死心，除了远离，别无他法。

皇帝居然会勉强“寒香见”成为他的妃子，居然会去烟花柳地寻欢，居然会宠信人品低劣的卫嬿婉，居然怀疑如懿会谋害皇子，居然会因为嫉妒和独占欲发作而百般刁难数次救了他性命的凌云彻……这桩桩件件，怎能不寒了她的心？

她看不起他了，自然也就爱不起了。

人们之所以觉得《如懿传》看得人提不起劲儿，大概是因为：长期以来，我们只追求繁花似锦的成功，只追求所向披靡的“赢”，只追求横刀立马战胜贱人的快感，只追求“见佛杀佛，见鬼杀鬼”的杀伐决断。所以，大家见不得如懿释怀、放下，认为她很没骨气、没手腕，向恶势力认输。

不，我不觉得她是在认输。她只是在和解，与自己和解，与生活和解。纵然皇帝曾经那样怀疑过她，伤害过她，但她最终都能一一释怀和放下。

如懿最终没有像甄嬛一样实现绝地反击、强势逆袭，而是一直保持着真心和初心。太后对她的评价很到位：“对权势、对地位、对后位，她都不放在心上，唯将情分尽到底。只求一个善恶有报，生死无冤”。

后宫嫔妃脸上最常出现的戾气、欲望、不甘心，在如懿脸上统统都找不到，她的眼神依旧如少女时期一般纯净。在生命的最后阶段，这个原本通透的灵魂终于得自由了。

大结局里，如懿摇着扇子，身边放着几盆枯梅。她说，一路走来的这些日子啊，好像一切都在昨天，又好像一切从来没有发生过……

生命的最后，她对那些陷害过她、猜疑过她、伤害过她的人，统统没有了怨恨，甚至只是希望他们和她们都没有做过那些事，那他们现在还能像一家人一样坐着喝喝茶、聊聊天。

那些爱恨情仇，甚至于那个“少年郎”，反而都变得不重要了。她通过他们，认识、了解了这个世界，经历了一场人生。这就够了。

如懿向皇帝提及的“兰因絮果”四个字，意思是：人和人的感情开始时如兰花一般美好，离散时和柳絮一般不堪。

她既已经看明白了“兰因絮果”，又何曾在乎过一个“赢”字？

是我们太想赢太怕输，太认同世俗标准的成功，所以才会只看到如懿的“输”，却看不到她心中的“大自在”。

得到、失去又如何？赢了、输了又怎样？这辈子爱过、认真活过，就已经足够。

该走的人终究会走，该散的情缘最终会散，与其拉紧手中的线，勒住别人、缚住自己，不如等风来时潇洒放手。

人生哪能多如意，万事只求不愧心。

不如意就放下，也是一种“如意”。

只是，这种“如意”，年轻时候的我们不懂，也不愿懂。

所谓幸福，就是自我成全

（一）

每次看到有读者留言说“羊羊姐，你好优秀、好坚强啊”，我都不知道要回复什么。

每个人都有坚强的一面，也有脆弱的一面，永远坚强的人是没有的。而所谓坚强，不是指经历了多少事情，而只是指你在经历这些事时用多快的速度去摆平了它。

人到中年，每一天都活得像是在打仗。作为家里的顶梁柱，我也把自己活成了一个冲锋陷阵的战士。绝大多数时间，我根本没空矫情，更没有时间伤悲。我把自己活成一支队伍，遇到困难了自己首先会幻化成千军万马，踏平荆棘，无惧坎坷。

但是，极偶尔的，如果某场“战役”已经结束，我刚好还有那么一点余力矫情，我可能也会有被悲伤感淹没的时刻。这时候的我，就像一颗躺在溪流下、河床上的石头，脆弱，潮湿，冰冷，眼里都是暗淡，内心升起荒凉。

每个人都有这样“丧”的时刻吧？某天凌晨，家人已经睡着了，周围变得很安静。你躺在床上，甚至能听到自己血液流动的声音，心脏跳动的声音……整个世界都睡着了，好像只有你自己还醒着。那一刻，你觉得自己特别孤独。

过往生活给我留下的伤口虽然早已痊愈，但前尘往事涌上心头，你发现“心理创伤”其实还是存在的。

哪些东西可以归结为“心理创伤”？我觉得是那些时隔多年以后，虽然伤口已经结了疤，但你还是会忍不住想去舔一舔的事情。

对我而言，离婚算不上是一种心理创伤。离婚是一种非常科学的婚姻退出机制，它只是一种选择，算不得是伤口。脆弱的时候，能让我反复去舔的伤口是什么呢？不是前夫手机里发现的惊天大秘密，而是生孩子前夜时他决绝离去的背影。

孩子出生后10个月，我在事实层面离了婚，但如果说心理层面的离婚，恐怕要更早一些，那要追溯到生孩子的前夜。生女儿前夜，我已经开始阵痛、见红，医生说第二天应该会生了。前夫来医院看了一眼，我爸看他终于肯露面了，以为他会照看我，就先回家睡了。岂料前夫跟我吵了一架后，扬长而去。

前段婚姻里，我和前夫最大的矛盾不过是一个总是“等到夜深”，一个总是“不准多问”，所有的吵架都是针对这一矛盾展开，而且永远吵不出个所以然。

生孩子前夜，他只告诉了我一个他的决定：第二天要出差，今晚要回他父母家住。次日，他果然心安理得地出差去了。其实，我们的小家离医院只隔了一座天桥，但他大概是觉得回自己家住，会住得更舒爽，所以要舍近求远吧。

他走的时候，已将近凌晨一点。我说：“你可以走，我尊重你的意愿，但请你想好你这么做的后果。”他听到了，没回头，而我清楚地知道：这段婚姻完了，剩下的只是档期问题了。

他走以后，我一个人坐在医院的椅子上愣了半晌。我没有哭，就愣在那里，脑子里一片空白，没有悲伤，也没有愤怒，心不疼也不碎，整个人完全是懵的。

第二波阵痛来袭时，我才恍然大悟似的给我爸打电话，让他来医院陪我。我爸来了，见我一个人孤零零坐在医院大堂的椅子上，气得嘴唇直发抖。

前段婚姻已结束了六七年，很多在那段婚姻里发生的事情我都已经记不清，但那晚他头也不回离开的样子，却在我的记忆里永远鲜活，大概是因为这件事的确严重挑战了我的认知。

生孩子，我是“顺转剖”，相当于受了两茬罪。配偶的“全程不在场”，一度让签字手续变得麻烦了两倍。“手术知情同意书”我爸妈不能直接签，朋友更不能签。我顶着全身将要被撕裂的痛楚，艰难地从病床上爬起来，歪歪斜斜签署下自己的名字……

孩子生下来以后，最重要的事不是马上离婚，而是“坐好这个月子”，所以我又忍了些时日。到了孩子 10 个月大时，终于还是忍不了了。

（二）

离婚后，我曾跟前夫“复盘”过这段婚姻，甚至郑重其事为自己曾经也不够关照他的感受而内疚过，也跟他说过抱歉。婚姻是两个人的，它散架了两个人都有责任。在那段婚姻中，我过得无比压抑和委屈，他何尝又不是？我唯一比他做得不过分的，大概也只是多一点“不忍心”吧。

孩子再大一点之后，前夫似乎终于变得懂事很多、成熟很多了。我也知道，如果有时光机把现在的他送回到我生孩子前一夜，他或许就不会再离开。我甚至敢肯定，以后他的妻子如果怀孕生产，他可能不会再夜不归宿，也不会再在她生产前夜离开。当然，这一切，都只能“假设”了。

好多年前，我在脑子里想象过这么一幅关于幸福的画面：我的孩子长到三岁，这是她最萌最可爱的年龄段，我们一家三口其乐融融地坐在一起。孩子可能会对男女差异感到好奇，而我可能会借机跟她科普男女的性别差异，接着我可能跟她开玩笑说，你爸爸本来也是长乳房的，后来因为要给你喂奶，奶水被你吸光了，乳房就变平了……这一席话，可能会逗得孩子爸爸大笑，也搞得孩子将信将疑。

那时候，关于幸福的想象，我真的做得这么具体。结果，这个“玩笑梗”我没能有机会说出口，因为孩子还不会说话的时候，我和她爸就离婚了。

像是复制好一段话，想好了要粘贴到哪儿，但是等真的复制好了却发现已经没地儿粘贴了。所以，某天，我把这话粘贴到了社交媒体上，也算是给这段想象和我自制的“玩笑梗”找个葬身之地了。

这些年，也有一些阅历不够丰厚的年轻网友问我：那你当初怎么那么没眼光呢?

我回答，前夫也曾把我捧在手心，但人都是会变的，而婚姻也需要经营，我自己也有不对的地方。至于眼光，谁能保证自己一辈子眼光都好呢？不然，大家都可以在 20 年前借钱买入 20 套房子，在股市低迷时买入大量股票。那么多结婚后又带着孩子离婚的单亲妈妈，在决定和前夫结婚生子时，哪个不认为自己挑中的是支潜力股？我们买菜都会买到表面完好内里有蛀虫的烂番茄呢，何况是挑选伴侣？

人之所以有局限，就是因为人不是神，无法预测未来，不知道当时当下做出的选择到底对不对。人生本来就应该容人、容事、容错误，自我承担不后悔。

离婚前那段等着另一只靴子落地的时间，如今回想起来，过得可真艰难啊。幸亏是离了，回想起以前的事儿来才会觉得像场梦，才会摊手耸肩无奈一笑。如果不离，那些往事现在可能是“眼中钉、肉中刺”，你甚至可能会连带着讨厌和鄙夷起自己来。

有时，我也会想“人生若只如初见”那该多好。前夫也曾对我那么好，好到我怀疑自己上辈子拯救了银河系才嫁到他那样好的一个人，当时的我又何曾想过，某年某月某天，在我要生下他的孩子的前一夜，他竟只留给我一个决绝的背影呢？

人在婚姻中所追求的，无非也就是一点安全感。当你躺在病床上，一动也动不了，你相信那个有权签字的人不会抛下你，会尽力救你、免你痛楚。当你因为怀孕而变胖、变丑、变臭，活得像半个废人，你知道让你怀孕的人不会背叛你、欺骗你。一旦连这点安全感都没有了，婚姻也将难以维持。

结婚只是一念之间，而离婚则是深思熟虑。我们选择和另外一些人产生链接和割裂关系，其实不过就是在维护内心的秩序。这样的内心秩序，便是我们之所以成为我们（而不是别人）的最关键所在。

现在，若不是翻看了一些孕期和产后的日记和照片，其实我都不记得自己曾活得那么抑郁过。那种不被善待、不被理解、不被看见以及“两个人在一起还不如一个人待着安全”的感受，我都快忘了。

经历过这一役，也挺好。以后的日子里，它能让我迅速识别什么是风险，并规避掉那些风险。就像被火烫伤过的人，比一般人更懂得如何规避火情。你开始明白，哪些是暖，而哪些只是单纯的烫。

如今，孩子都已经上小学了，这事儿也已经过去了很多年，生活早已归于平静。我和前夫的关系，早已不似离婚前那样剑拔弩张，现在我们相处得更像是“半个朋友 + 半个亲人”。我生活上若是遇上什么困难，孩子爸爸也会帮忙。

到了这个年纪，我常常觉得人生像是过到秋天，越来越寒凉。时间越来越不够用，日子也过得越来越快。去年过春节的情形好像还在昨天，今年春节就又结束了。往后，等父母与我们阴阳两隔，估计会更觉人生悲凉。

爱恨情仇的，早就不计较了。伤害过自己的人，更是懒得恨，没时间恨，没精力恨，那些伤痛的往事都快记不清楚了，再想起来也不会觉得心伤，发自内心地觉得那不过就是一段经历而已，和甜蜜的往事在本质上并无不同。

人家对你很好很好过，自然不假；人家对你很不好很不好过，那也是真的。曾经的好和坏，对后来的你而言不过就是一件“事儿”，感怀一阵，也就过了。那些久违的事，想起来或甜或酸或苦或辣，但即使是苦的酸的辣的，可能都只会让你微笑，让你自嘲，让你波澜不惊，让你云淡风轻。

青春已散场，余生似乎只剩秋凉。30 岁一过，人生中有趣的故事似乎都已讲完，以后只有事故了。人生越往后走，就越是不敢奢望太多。我们能好好活着就已经很好了，真的很好了。倒是有天那个被你称为前妻或前夫的人，若是先你而去了，也许你也会有点伤悲吧。这种伤悲，无关爱情或其他，只是一个人对另一个人的悲悼罢了。

（三）

有人问我，离婚后到底要孩子好还是不要孩子好？我觉得这种问题太难回答，因为答案只在当事人自己的心里。

就我自己来说，在这个问题上就没有第二个选项。

事后我想：倘若我没要孩子，应该不能很快走出离婚阴影吧。

爱、宽容、悲悯，才是帮你走出一段不良关系的良方，而孩子能成为让你产生这些力量以及成为软化矛盾、融化坚冰的催化剂。我们的心，只有先变软了，才能变大。心变大了，你的格局才会大。你的格局一大，过往的爱恨情仇就都不是事儿了。

当然，我得承认，离婚对我、对孩子有影响，它只是一种“退而求其次”“两害相权取其轻”的选择，我从来不提倡、鼓励别人随意离婚，也不美化离婚或是认为离婚是一件很酷的事儿。

我知道离婚对我、对孩子的影响在哪里，但为了消解这种负面情绪，很多时候我会选择“自我麻痹”和“自我欺骗”。

买房时，我会想：“离婚多好啊，虽然首付我一个人出、房贷我一个人供，但房子我想买在哪里就是哪里，不需要征求任何人的意见，不需要看任何人的脸色。”

逢年过节的，我也会想：“离婚多好啊，我本来就不喜欢过节和交际，这种时候根本不需要再去婆家报到，少了多少人情负担。”

但是，我也知道：如果我婚姻幸福，集两个人的财力和实力共同买一套房子的话，我现在也许已经住上大别墅了。如果我婚姻幸福，那么，在我觉得生活压力大到扛不动、很想“撂挑子”的时候，还可以靠在另一个人的肩膀上“丧”片刻，而不必独自抱着沾着泪水的枕头发呆。如果我婚姻幸福，我的女儿看到别的小朋友的父母其乐融融地在一起，就不会产生失落感。逢年过节的，她也不需要跑两个地方，陪两拨人过节。

也正因为如此，我有点反感那些苦口婆心跑来劝我“离婚对你、对孩子影响不好”的人。这个道理，我自己难道不知道吗？需要你来提醒吗？谁不是过不下去了才选择离的婚，并且在离婚后尽力补足离婚对孩子的伤害？谁不是一边看到生活留给你的缺憾，一边自我安慰说“这样也不算坏”？

谁不想家财万贯、身心健康、婚姻幸福呢？“巧克力是甜的，苦瓜是苦的”，这道理谁不知道？可就是因为我们知道，苦瓜不是甜的，才会安慰自己“没关系，苦瓜清凉下火啊”。

每个人都会遇到不幸，那就改变对不幸的解读方式就好了嘛。

每一段经历，都是我们自己的。年轻时，我们才有故事可讲；中年以后的人生呐，大多在为年轻时候的选择买单，多的是惊吓，少的是惊喜。

现在，我时常会感慨时间过得太快。昨天还躺在我臂弯里吃奶的孩子，怎么已经上小学了？我懒得花时间再分析当年那些破事儿，是因为发现时间过得太快了，时间不够用了，时间不多了。

人到中年，举目四望，自己能把控的事越来越少，对命运的敬畏心越来越重。爱情在你生命中所占的比重在变小，离婚啊，前任啊，都不算是个事儿。除了生死，人生哪有什么大事？哪件事不是一场大梦呢？眼睛一睁一闭，梦做完了，也该走了。

命运云谲波诡，但我们总能找到与它平和相处的方式。也许，现在我们拥有很多，但你也要知道，早晚有一天命运会把你所拥有的一件一件都拿走，最后连你都被它拿走。

每个人都像是一个拿着冰棍站在烈日底下的孩子，一边贪婪地舔着冰棍上的那点甜头，一边担心它们很快会被高温融化在手里。既然如此，往后余生，我只想像那个吃冰棍的孩子一样，抬头看看烈日，低头舔舔冰棍，让它物尽其用，不留悔憾。

（四）

网络综艺节目《奇葩说》里，有这样一个辩题：“过得不开心，要不要跟爸妈说？”

人到中年，我自己也深切感受到：跟父母相处，需要适度伪装。如果你以真面目示人，生活会变得无比“血淋淋”。

我的原生家庭比较糟糕。这种糟糕，不仅仅体现在我小时候家里穷得叮当响，更体现在我父母性格、心态、思维方式等存在非常大的短板。有时候，我真的很羡慕那些什么话都可以跟父母说的“孩子”，而我和我父母之间，隔了一整条银河。现在，我早已不追求与父母心意相通，只求“相安无事”。

我的心事，没法向父母和盘托出。我若告诉他们，我遇到了什么困难，那这个困难可能会成为他们的心病，他们会因为自己帮不上我的忙而开始内疚，甚至会自我否定和自我攻击。等困难过去了，我还得找他们去“销案”。

人到中年，我只想把时间和精力花在刀刃上，没办法时时照看父母的情绪，所以我宁愿他们一直生活在“我女儿啥都搞得定”的幻觉之中。

每次我心情难过的时候，觉得自己快扛不动的时候，只能等父母、孩子睡着以后，靠在枕头上抹一把眼泪，然后再跑去洗手间擦把脸，睡觉前告诉自己：“明天又是新的一天……”又或者，上网发一条很“丧”的微博，再把那些骂我的网友拉黑。

我相信，这样做的人，绝对不止我一个。打开任何一个中年女人的内心之门，或许你都能看到一个小女孩的脆弱、市侩、自卑、刻薄、怀疑、贪婪和恐惧。

对她们来说，每一个夜深人静想流泪的时刻，都是一场与内心戏的秘密恋情，无处言说，不能公开，即使最亲近的人也无法懂得。

既然如此，又何必让饱经风霜的父母再全方位参与我们千疮百孔的人生呢？那只会让他们徒增烦恼罢了。

这跟是否信任父母没关系，这只是一种“我的人生，我自己承担”的责任感。到了这个年纪，我们甚至要学着去照顾父母的情绪，体谅他们的不可理喻。老人的脆弱、无助和惶恐，也许我要等到自己也老了以后才能真正懂得，但至少我现在已由梨花带雨地“等着被哄”变成嬉皮笑脸地“主动哄人”了。

所谓成熟，也许就像稻穗一样，不是顶着高自尊、高昂着头颅跟谁对抗，而是懂得放下身段谦卑温和地望向地面；不是手心向上只懂得索取阳光雨露，而是随时准备着付出和给予。

以前你遇到事儿了，会咬牙切齿地说出“可怜之人必有可恨之处”，如今你可能只是轻叹一口气说“可恨之人必有可怜之处”，眼神里还带着点悲悯。

生活有时真的很艰难，明白了这一点之后，我们也就更加能体谅他人的难处和不得已。

现在，每次看到那种某天撑不住了忽然泪雨滂沱，然后擦干眼泪笑笑说“我哭哭就没事了”的姑娘，我真的特别能理解她们。生活很艰难，她们也许只是压抑太久了，只是不再佯装坚强，那么，就让她尽情释放一下自己的脆弱就好了。

我们可以评价一个女人“有脆弱的一面”，但不能随意评价“她是一个脆弱的人”。不随意给他人定性，也是一种社交美德。

如果你真心想安慰或支持一个遭遇厄运的人，对他说“不哭”“要坚强”，这是堵而不是疏。你可以这么告诉他：你可以哭，可以悲伤，可以不坚强，说说你有多难过、多害怕、多委屈，在我面前，做这些是安全的，这些我都听着，而且愿意帮你想辙；而且，你哭过、悲伤过、软弱过之后，我依然会守在你身旁。

生活从不会因为你想得美，就会朝好的方向发展，但我们都是靠“自我欺骗”和“自我安慰”来度过那些难熬的长夜。待到第二天看到太阳升起，又只会想着如何把自己一个人活成千军万马，如何用汗水和努力写好“自我成全”这四个字。

人生是一场自我欺骗，但更是一场自我成全。

能爱就勇敢去爱吧，能赢就奋力去赢吧，没有爱了那就坚强点吧，赢不了那就接受吧。人生除了死亡，哪有什么真正的穷途末路啊。

请带着某种倔强的偏执，执着地爱，坚强地等，笑中带泪地回望曾经的“不被善待”，带着伤口奋力向前奔跑吧。

后记

致每一个有缘看到这本书的你

前几天，有一个离异女性给我留言说，离婚之后她很痛苦，每天都是靠看我的文章坚持过下去。她很感激我，觉得我是她的恩人。

还有一个朋友说，她的女儿看了我的高考故事后，备受鼓舞，一个学期内学习成绩从全班倒数第二冲到了前五。

那一刻，我有点受宠若惊。

不得不说，当你的写作不仅能疗愈自己，更能让别人产生共鸣的时候，真是一件很幸福的事。

以前我出版的书，以心灵疗愈、情感励志方向为主。在那些书里，我写了很多别人的故事，但这一本书，是我第一次集中向大家讲述我自己的故事。真心希望你能从这些文字中，学到东西，得到疗愈，受到鼓舞。

你知道吗？小时候，因为家里穷，我是一个自卑敏感而又倔强的姑娘。后来，这个姑娘慢慢长大，经历失恋、失婚、失去、失落、失败，也曾一败涂地，也曾觉得自己一无是处，但还是咬牙坚持，带伤奔跑。

十年前的我自己，完全无法想象今天的我也会出书，能被你们认识。

我也知道，这世界上会有这样一类作者：当关注他的人开始多起来以后，他就会开始自我膨胀，认为自己就是比别人聪明，比别人高一等，接着，就慢慢地失去了对读者的敬畏心。

我说的这种“敬畏”，不是害怕失去，而是尊重、相信和谦卑，是尊重品读我们作品的每一个人，是相信读者也和作者一样是一个活生生的、有血有肉、有笑有泪的人，而不是一个符号、一个数据。

我是一个从农村走出来的孩子，凭着一点才华和能力走到现在，但我也非常清楚自己的斤两。其实，我很怕被包装成为“励志范本”，并对此保持警惕。我怕被人捧高，担心自己若是有一天从高处摔下来，屁股会很痛。

你一直是那个你，但人们可能会自行在你身上赋予他们的期望和想象，而当这个期望和想象不小心破灭时，人们可能会把这种失望的情绪发泄到你身上。造神的是他们，把你拉下神坛的也会是他们。被抬上台、踩下台的你，只是一个承载群体狂欢的道具。有鉴于此，我不想当任何人的偶像，只想和大家成为朋友。

命运不可预知，今天的“朝堂座上宾”明天也有可能沦为阶下囚，没有人能一直风光，“好花不常开，好景不常在”也是人生百态，若是把话说得太死，很容易被打脸。对未来有敬畏，对自我有反省，才是一个人“不讨人嫌”“有所精进”的基础。

写作是我和外界链接的少数几种方式之一，但我自始至终认为自己其实并没有什么才情，只是徒有一点表达欲，表达的方式还很笨拙。或许，我唯一能“奉献”给大家的，也就只有点真诚罢了。

写作是一件乐事，但同时也是一件辛苦事。我觉得自己天赋一般，每次写书都要殚精竭虑，我相信自己写得最好的书永远是下一本。

被一眼望到结局，是我在写作这条路上最大的恐惧。所以，我时常告诫自己：无论大环境如何，要保持清醒和冷静，保持敬畏、谦逊与求知心。要静下心来，不忘初心，认认真真地去做这件自己真正热爱的事。

写作是我自己内心的一种需求，即使以后一个读者也没有，我想我也会一直写下去的。当然，我很希望那时你们都还在。

曾经的我，老觉得自己不幸福，觉得自己的生活不圆满，觉得自己缺这个、缺那个……可是，看多了世事和人事，也明白了自己的能力界限之后，我学会了“活在当下”。

根本没有更好的选择，也没有更好的生活。所有的所谓“更好”，都只是我想象出来的，可那不属于我。只有当下的一切，完完全全属于我。

活在当下，就是活在幸福里。

我也曾经站在废墟上哭泣，曾经对稳定的工作、稳定的婚姻充满执念，可是，当我逐渐破除了这种执念，深切地懂得世界和人生的本质就是聚散无常之后，就活得自由多了。

一想到就连人的生死，也不过就是物质世界里极其微不足道的一种聚散方式，就跟云聚云散、花谢花开、“冰变水，水变云，云变雨”差不多，我就不再执着地追求稳定，而是更多地考虑如何更好地适应变化。

如今，即使面临困顿和磨折，我依然相信“一切都是命运最好的安排”。

也许，世界和人生的答案，就隐藏在命运舞台的帷幕后呢，只是任何人都没法掀开帷幕去看看答案是什么。我们唯一能做的、要做的，就是站在舞台上尽情舞蹈，并且，享受这个过程。

如今的我，依旧走在拼搏的路上，依旧还有梦想。生活中，我依然面临很多的压力和困窘，那些华丽的“人生逆袭”也远未到来，但我还愿意去努力。

我们最终能不能过上梦寐以求的生活，这并不重要。重要的是，你是否真正活过，爱过，“悟道”过，为梦想拼搏过。

感恩你们的一路相伴，我相信我们的未来都会更好！